脳科学の先生!

子どもの発達障害の悩みを最新研究で解決してください

脳科学者 久保田競

認知発達学者 原田妙子

子どもの発達お悩み相談への回答方針

1 どうして変わった行動をとってしまうのか、子どもの立場からの視点を提示

2 それに関連する脳科学や発達心理学の最新研究を解説

3 1、2をふまえて、相談者がどうやって問題に対処すべきかを回答

読者の皆様に理解を深めてもらうために、さらに脳科学や発達心理学でわかったことについて語っています。

※本書は、KADOKAWA児童書ポータルサイト「ヨメルバ」に2021年2月から2022年6月まで連載された「「うちの子ちょっと変わってる？」子どもの発達お悩み相談室」を大幅に改訂し、新規原稿を加えたものです。

はじめに

発達障害についての情報が広がるにつれ、「もしかしてうちの子、発達障害かも……」と不安に思いながら子育てをしている親御さんが増えてきました。「これは自閉症の子どもがよくやる行動らしい」「落ち着きがなく動き回るのは多動性障害のせい？」などなど。

そのような親御さんたちの悩みや不安を少しでも軽くできればと、脳科学の側面からエビデンスのある最新研究の知識もお伝えしながら、ヨメルバ〔https://yomeruba.com〕というウェブサイト上で子どもの発達に関するお悩みに答えてきました。本書はその連載をまとめたものです。

「極端な偏食で困っている」「過敏すぎて下着のパンツがはけない」「癇癪《かんしゃく》がひどい」「登校しぶり」といった30のお悩みの中には、発達障害には該当しないものもありましたが、発達障害、あるいは強い発達特性ゆえのお悩みが圧倒的に多かったため、書名には「発達障害」という言葉を使いました。

お悩みに向き合いながら、親御さんたちがお子さんを「普通に」育てようと、一生懸命奮闘されているのがよくわかりました。ただ、発達に特性のあるお子さんを「普通に」育てようとするのは、実はお子さんにとって、大きなストレスとなることがあります。

そしてストレスがかかると、脳の働きが悪くなり、時には発達障害のような症状が出ることがわかっています。脳の発達にとって最も重要な乳幼児期に傷ついた脳は、その子の生涯にわたって暗い影響を及ぼします。発達に特性があったり、障害があると診断されるお子さんの中には、うまくできないことが多くて「どうしてできないの？」「何度言ったらわかるの」「全然だめ」といった否定的なことを言われ続け、自己肯定感が下がり不安障害やうつ病といった「二次障害」を引き起こしてしまうケースが多いのです。脳の成長にとって、親が子どもにネガティブなことを言い続けても、いいことは1つもありません。どうか、お子さんのできないところではなく、できるところを見てほめてあげてください。どうしたら発達特性を障害にしないか、そして子どもの良いところをのばしその子なりに楽しく暮らせるかが、本書のテーマです。

他にも、「記憶に関係する海馬を10％大きくする方法」や、「子どものその後の人生を左右する5歳までの働きかけ」、「親の年収と子どもの脳の関係」など、子育て中の親御さんに是非知っておいていただきたい研究の成果についてもご紹介しています。

乳幼児期にいちばん大切なのは親（保護者）との信頼関係です。甘えたいときに甘えられて、具合の悪いところがあればすぐに気づいて手当をしてくれる。全てを受け入れてくれる安心できる場所があるから、子どもは新しいことに挑戦したり、好きなことを追い続けたりできるのです。本書では、親子関係についても、ラットの最新研究でわかった、世代を超えてストレスホルモンの調節に関する遺伝子を変化させる方法をお伝えしています。

核家族が当たり前となった現在、子育ては思っていたより大変だと感じている人も多いと思います。ましてやこだわりが強い、癇癪がひどい、過敏など、育てにくい特性のあるお子さんの場合、親御さんは心配で不安が強くなったり、ついかっとなって怒ってしまったりすることもあるでしょう。

そんなとき、ちょっと自分自身を振り返ってみましょう。自分にもそんなところはないでしょうか。時間がぎりぎりでもどうしてもやらないと気がすまないルーティンとか、没頭すると周りの声が聞こえなくなるとか。それでも、仕事をしたり家事をしたり子育てをしたり、と社会生活ができているわけです。

発達の特性は8割程度遺伝することがわかっています。それが「障害」とならないように、苦手な部分を知り、困ることがないようにうまくやっていく方法を、お子さんと一緒に考え、見つけていきましょう。親御さんの適切なサポートが重要です。お子さんを病ませず、愛情にあふれた親子関係を築いていただくために、脳科学の最新の研究成果を踏まえたアドバイスが参考になれば幸いです。

2023年 1月 原田妙子

発達障害についての予備知識

発達障害とは、自閉スペクトラム症（ASD）、注意欠如・多動症（ADHD）、限局性学習症（SLD）、知的能力障害、コミュニケーション症群、運動症群などがあり、生まれつきの脳機能の障害により、幼少期から特徴が出る状態を言います。文部科学省の調査（2022年）によると、小・中学校の通常学級に在籍する知的障害のない発達障害の可能性のある児童・生徒は8・8％（前回2012年は6・5％）、つまり、35人学級で3人ほどの割合になります。高校生では2・2％となっています。

本書では、発達障害のなかでも代表的なASDとADHDについて主に取り上げています。とはいえ、発達障害として出てくる症状は微妙に重なり合っていることも多く、それぞれをはっきりと線引きすることは難しいのが実態です。

ここではよく見られる特徴をあげておきましょう。これらが全て見られる場合もあれば、どれかの特徴が強く現れ、他のことはそれほど見られない場合もあります。

ASD・ADHD行動チェック表

ASD

1）社会性の欠如

- 人に対して関心が乏しい。ごっこ遊びをせず、一人遊びを好む
- 名前を呼んでも振り向かない。視線が合いにくく、誰かが指差した先を見ない
- 他人の気持ちを推測しない、配慮しない
- 人見知りが全くないか、もしくは激しい

2）言語・コミュニケーションの問題

- オウム返しをする。主語や状況を逆転して言う（私→あなた、ただいま→おかえり）
- 自分だけがわかる単語を使い、不自然なしゃべり方をする
- 比喩、冗談、皮肉が通じない。字義どおりに受け止める
- 一方的に話し、独り言が多い。会話が続かない
- 身振りやアイコンタクトができない。表情がぎこちない

3）こだわりや感覚の問題

- 単調な遊びを長時間続ける（ブランコや身体を回転させる遊び）
- 本や人形、オモチャの並べ方にこだわる
- 変化に対する抵抗（癇癪）や異常なこだわり（ルーティンや儀式行動）
- 特異なものへの執着（紐、輪ゴム、石、標識、踏み切りなど）
- 好きなもの（ミニカー、昆虫、恐竜など）への人並外れた没頭
- 音への過敏さ（デパートの館内放送に癇癪をおこすなど）
- 毛布、ぬいぐるみなどの一部分を触り続ける。どこへでも持っていく

ADHD

1）不注意

- 勉強などでケアレスミスが多い
- 次々と興味が変わり、気が散りやすい
- ひとつの事を最後までやり遂げるのが難しい
- 身の回りの整理整頓が苦手。優先順位が決められない
- ぼーっとしている。話を聞いていないように見える
- 忘れっぽい、失くしものが多い

2）多動性・衝動性

- 手足をそわそわと動かす
- じっと座っていられない
- 不適切に走り回ったり高いところへのぼったりする
- しゃべりすぎる。最後まで人の話を聞かない
- 思ったらすぐに行動に移してしまう。待てない
- カッとなって、気持ちを抑えることができない。時に暴言や暴力も
- 他人の妨害をしたり、邪魔をしたりする
- 自分が思ったとおりに行動できないとパニックになる
- ことわりもなく他人のものを使う

※これらの特徴があるからといって発達障害であるということではありません。

CONTENTS

Q1 車のオモチャを裏返してタイヤを回して遊びます。発達に問題があるのでは？

家族状況

さくら（相談したい子の母、20代後半）／夫（30代前半）／息子（相談したい子、1歳）

ご相談

息子はよく、おばあちゃんからもらった車のオモチャを逆さまにして、ずーっとタイヤを回して遊んでいます。何度も何度も飽きずに。私が「こうするんだよ」と車を走らせて遊び方を教えても、またひっくり返して遊びます。ネットで調べると、この遊び方をする子はASD児に多いとありました。夫は気にしすぎだと言うのですが。母子手帳の発達のところを見ても、できていないことも多くて憂うつです。

1歳半健診で相談すると、少し様子を見ましょう、と言われました。様子を見れば見るほど不安になってきます。どうしたらいいでしょう。

A

専門家の回答

どんな遊び方でもOK。こうしなさいと押し付けないように。

楽しんでいるときに、脳は発達する

確かに、オモチャを本来の遊び方とはちがった方法で遊ぶ（例えば、積み木を積まずに同じ色だけを並べて遊ぶ）のが好きなASD（自閉スペクトラム症）のお子さんは多いです。

でも、それで楽しく遊んでいて困っていなければ、そのまま遊ばせてあげてください。指を使う動きをすることで手を器用に動かす練習にもなります。無理に「普通に」遊ばせようとせず、「面白いこと見つけたね」と見守りましょう。

息子さんが気持ちよく遊んでいるとき、脳の中では、ドーパミンという神経伝達物質が出ています。快楽物質とも呼ばれるドーパミンが出ると、思考を司《つかさど》る前頭前野や記憶に関係する海馬、身体を動かす運動野など、脳のいろんなところがよく働くようになります。

そして、特に成長の早い段階で、人から嫌々やらされるのではなく自分からすすんでやろうと思って始めた行動は、その後の子どもの意欲や学習能力に非常に良い影響があることがわかっています。どうか十分に遊ばせてあげてください。

不安を抱えたままの子育てはよくない

また、健診で「様子を見ましょう」と言われるのはよくあることです。ただ、1歳半健診の次は3歳児健診になってしまいます。3歳まで悶々《もんもん》と不安を抱えたまま育児をするのは、なかなかつらいものがあります。

どこの自治体でも、保健センターや市町村の子育て窓口などの発達の相談先があります。よく行かれている小児科でもいいかもしれません。不安になるようなら、ためらわずに相談しましょう。

気になるのが言葉の遅れだけなのか、運動だけなのか、両方なのか、できるだけ正確に伝えるようにしましょう。

言葉の問題だけなら、就学前に専門家による言葉の教室に通うなどすることで、小学校入学の頃にはそれほど気にならない程度にキャッチアップできる場合が結構あります。

早期発見でその子に応じた支援を

最新の研究結果によると、3歳より前に発達の遅れや特性に気づき、本格的な支援を受けトレーニングを開始した子どもは、5歳以降に気づいた子どもに比べて、より知能がアップし、社会性やコミュニケーション能力が改善したという報告があります[*1]。このように、脳は適切な環境の中で成長していくものなのです。

少し難しい話になりますが、私たちの脳は神経細胞（ニューロン）からできていて、それぞれの神経細胞からいくつもの突起が出て、別の神経細胞へとつながり、情報を伝えていきます。このつながりのことを「シナプス」と言い、シナプスが増えていくことを「脳が発達している」と言っています。

シナプスの形成は、生後1〜2年ほどの間に急激に発達していきます。それにともない、脳の大きさも5歳ですでに大人の85％ほどになります。だから、脳の発達が著しい、より早い時期に、周囲が特性に気づき、その子に見合った育て方をする方が効果が上がるというわけです。

注目を集める最新の超早期介入プログラム

実際に、生後36ヶ月のASDの子どもたちに、週40時間の療育を行うと3年後にはIQが100を超え、通常学級で定型発達児と一緒に学べる水準にまで上がったという研究もあります。[*2] その後11歳の時の追跡研究では、その子たちは高い知能を維持していただけでなく、問題行動が減り、さまざまな状況に適応する能力も向上していました。[*3]

さらに最近日本でも紹介されだしたのがESDM（=Early Start Denver Model）[*4]です。

生後18ヶ月〜30ヶ月の早期に療育を開始することでＡＳＤの重症度が下がるという画期的な療育法です。

もっとも、脳はいくつになっても発達する機能が備わっているため、効果の差はありますが、生涯にわたり学ぶことができますので、5歳を過ぎてしまったからもう無理だ―、とあきらめないでくださいね。

キーポイント

・楽しんでいると、ドーパミンが出て、脳は発達する。十分に遊ばせてあげて。
・3歳より前に本格的な支援を受けトレーニングを開始した子は、5歳以降で開始するより知能がアップし、社会性やコミュニケーション能力が改善。
・子どもの脳は、5歳ですでに大人の脳の85％ほどの大きさに。
・問題の早期発見をし、その子に見合った育て方を。

COLUMN 「早期発見」っていつ？

アメリカでの研究によると、発達に問題があることがわかり、3～5歳の幼児期に療育機関などで適切なサポートを受けたお子さんは、6歳以降の学**童期からサポートを受けたお子さんより、はるかに予後がよいことがわかっ**ています。つまり、周囲と良好な関係をつくりやすくなり、トラブルになることも少なくなるのです。

実際に、小学校に入ってお子さんの問題行動を学校から指摘されて発達相談を受けにくる親御さんに乳幼児期に気になったことを尋ねると、名前を呼んでも振り向かないとか、視線を合わせないなど、なにかおかしいと思われていた方が多いのです。例えば、ＡＳＤの場合は徴候が出やすく、統計的に**親が気付く年齢は12～18ヶ月**であることがわかっています[*56]。アメリカの小児学会では、生後1歳半と2歳のときに親への質問紙を通じた発達検査を推奨[*7]しており、ASDの確定診断は早いと14ヶ月からできる、という研究報告もあります[*6]。

発育のベースができあがる乳幼児期に、例えば、名前を呼ばれたら呼んだ人のほうを向いて「はい」と言う、欲しいものがあれば、別の子が使っていようとおかまいなしにとるのではなく、「あれ」と指差しを教えるなどパターンとして覚えさせることで集団生活に入ってからのトラブルを避けることができます。小さいうちから適切なサポートを受けたほうが身につきやすいのです。

学校に入って問題が起こってからでは、お子さん自身が嫌な思いを体験することになります。なにかおかしいなと思ったら、早めに地域の発達支援センターなどで相談してみることをおすすめします。

Q2

吃音が心配です。周囲のお友だちにからかわれたりしたらと思うと……

家族状況

じぇふぎぶす（相談したい子の父、30代後半）／妻（30代後半）／長女（相談したい子、4歳）／次女（2歳）

ご相談

4歳の長女は赤ちゃんの頃から人見知りが激しく、大きくなってからも引っ込み思案で内弁慶。外で自分を表現することが苦手です。そんな子ですが、会話が発達してきた3歳頃より吃音《きつおん》の症状が見られます。一生懸命伝えようとすると最初の言葉がつまずきます。外では口数が少ない子なので吃音も目立たないのでは、と妻は楽観的です。ただそんな私も吃音に悩んで成長したということがあり……。吃音って遺伝するのでしょうか。

また本人が気にしないように現状私たち親は、娘の吃音を指摘しておりません。長女が話せるまで聞くように心がけています。ただ周囲の友達にからかわれたりするのではと心配です。今後の付き合い方などをお聞きしたいです。

A

専門家の回答

本人が気にしすぎないよう、おおらかに見守りましょう。

吃音は脳の活動領域の違いが原因か。8割は遺伝

吃音は、話し言葉がスラスラと出てこない発話障害の1つです。言葉を覚え始めて、

2語文以上の複雑な発話をしだす頃に起こりやすく、2〜5歳くらいで発症することが多いです。幼児期に吃音になる確率は全体の8％前後で、男女比を見ると、年齢にもよりますが、3：1程度の比率で男の子に多い特性です。

吃音を調べた脳研究では、〝話すこと〟に関連する脳領域は多くの場合左脳にあると言われていますが、吃音のある人の脳ではそれが右脳に見られるそうです。そして、吃音の訓練を受けると脳の活動領域が右から左へ変化するという報告もあります。はっきりとはわかっていませんが、脳の活動領域の違いが吃音の原因になっているのかもしれませんね。

また、吃音の発症に関しては8割程度遺伝すると言われています。とはいえ、吃音の遺伝子を持って生まれたからと言って、必ずしも吃音を発症するわけではないこともわかっています。そして一度吃音が出ても、3年以内に女の子では8割、男の子では6割程度が自然に回復していきます。

とにかく本人や周囲が気にしないように

吃音があると、極度の緊張で人前に出られなくなる社交不安障害を発症するリスクが高くなることもわかっていますので、娘さん自身が気にしないように、「何を言ってもかまわないんだよ」という気持ちで接し、消えるのを待つのがいちばんです。4歳ぐらいのお子さんの場合、自分とお友達の話し方を比べるといったことをようやくしだしたかどうか、くらいの時期ですので、まだ、自分の症状に気づいていないことが多いです。

ママさんのように、そもそも口数の少ない子だから吃音も目立たないわね、くらいのスタンスで、今の時期はおおらかに見守ってあげましょう。

大人がうまくサポートを

ただし、保育園や幼稚園の先生などには、早めにお話しされたほうがいいですね。周りのお子さんたちに急《せ》かされたり、からかわれたりしないように、娘さんがお話を始めたら、「ゆっくり待ってあげようね」とか、ちょっと別のことに他の子の注意を向けるとか、環境づくりをしてもらえるからです。

とにかく本人が気にするまでは、今やっていらっしゃるように指摘せずリラックスして待ちましょう。娘さんも、言いたいのに言えなくてもどかしい思いをしているのかもしれません。「緊張しなくていいよ」といったプレッシャーになるような声かけもしないほうがいいでしょう。こちらが言葉を補ったり、推測して先回りして言うたたみかけもしないでください。

クラスの中心にいるタイプではないかもしれませんが、それなりにのんびり待ってくれるお友達とうまくやれれば、大きな問題はありません。心配しすぎないようにしてください。

小学校入学の1年前を目安に、専門機関の受診を

まずはそうやって環境を整え少し様子を見てください。それでもまだ吃音が消えず、悪化するようでしたら、就学を見すえて地域の発達支援センターなどに相談されるとよいと思います。言語聴覚士や心理士がいるので、本人に合った適切な指導をしてくれるでしょう。治療には1年以上かかることが多いので、受診の決断は入学1年前が目安となります。

吃音は発達障害の1つ。一生つき合う場合も

現在、吃音は発達障害者支援法に含まれる発達障害の1つとなっています。また、他の発達障害と診断されるお子さんの中でも、吃音のある子が1～2割います。

いったん治ってよくなっても、また思春期に出たり、就職して緊張した場面で出たり、一生付き合っていく場合も中にはあります。じぇふぎぶすさんが経験者ということで、当事者の気持ちや、周りにどのように接して欲しいのか、ということもおわかりだと思うので、娘さんには心強い味方だと思います。

会話以外のコミュニケーションも活用

ＩＴ化の進んだ現代、実際に言葉を発する会話だけがコミュニケーション手段というわけではありません。話すことが苦手でも、意思を伝える方法はいくらでもあります。おしゃべりだけにこだわらず、文章を書くことやメールを打つこと、絵を描くことなど、いろいろなコミュニケーション手段を小さい頃から教えてあげるのもよいかもしれません。

「自分を表現するのが苦手な子」だと思っていた娘さんは、実はおしゃべりが苦手なだけで、心の中にはとても豊かな世界を持っていて、自分に合った方法が見つかれば、どんどん表現してくれる日が来るかもしれませんよ！

キーポイント

・吃音は発話障害の1つ。2～5歳で8％前後の確率で発症し、3：1程度の比率で女の子よりも男の子に多い。
・吃音は8割程度が遺伝。発症後3年以内に女の子では8割が、男の子では6割程度が自然に回復する。
・吃音があると社交不安障害を発症するリスクが高くなる。
・保育園や幼稚園には前もって相談を。プレッシャーをかけず、言葉を補ったり推測して先回りしたりはせずに、のんびり待つ。
・治療には1年以上かかることが多い。場合によっては一生つき合う可能性も。

COLUMN 発達特性と遺伝の関係

吃音に限らず、発達特性はかなりの確率で遺伝することがわかっています。具体的には、ＡＳＤ特性で80％、ＡＤＨＤ特性で79％は遺伝的要因に起因するという研究結果が[*8,9]あります。

ただ、遺伝率が高いからといって、必ずしもそれが遺伝して「障害」になるとは限りません。例えば、糖尿病は遺伝する確率の高い疾患ですが、そのことを知っていれば、食習慣や運動など、ふだんの生活習慣に気をつけることで発症を予防することができます。

発達障害も同じことで、もし親御さんが発達に特性をお持ちなら、お子さんにもその特性があるかもしれない、ということを前提に、特性が「障害」にならないよう、配慮して育てていただきたいと思います。ＡＳＤの遺伝子を持った子どものうち、55％が環境などの影響でＡＳＤを発症する、という研究[*10]もあります。つまり、遺伝しても45％が障害にならなかったわけです。

お子さんの特性を受け止め、できるかぎり尊重し、なるべくストレスをかけないことが大切です。脳は楽しいと感じているときに発達します。特性に合わないことを無理にやらせても、苦痛を感じるだけで脳はちっとも発達しないのです。それどころか、ストレスにより脳にダメージを与え、発症リスクを上げることにもなります。

一度発症してしまっても、状況を改善することはできますが、遺伝スイッチをオンにしないよう、なるべくお子さんのよいところをほめながら育てるようにしてください。

他にも親から子へとつながるリスクについて、最新研究でわかったことをいくつかあげておきましょう。

妊婦の喫煙は子どものＡＤＨＤやＡＳＤの発症リスクを上昇させるという研究[*11][12]があります。また、両親の肥満は子どものＡＳＤ発症リスクを増加させたという研究[*13]もあります。この研究では母親がＢＭＩ30以上の場合はＡＳＤ

発症リスクが1・94倍、父親がBMI30以上だと1・47倍だったということです。

さらに喘息《ぜんそく》がある子ども、アトピー性疾患のある子どもでは、ない子どもよりADHD発症リスクが30～50％増加する、という研究もあります。[*14]

これらはあくまでも研究結果による「可能性」の話ではありますが、知識として知っておくことで心の準備ができたり、避けられたりするものもあるためご紹介しました。

Q3

海苔と白いごはんと納豆だけ。ちょっと偏食がひどすぎるのでは？

家族状況

かりんパパ（相談したい子の父、30代後半）／妻（30代後半）／娘（相談したい子、5歳）

ご相談

うちの娘は、ほぼ海苔《のり》と白いごはんと納豆しか食べてくれません。わが家は共働きで、妻は外で働き私は自宅で仕事をしています。幼稚園のお弁当作りは私がやっていて、ほぼ毎日白いごはんと海苔のおにぎりに、小さなゼリーを入れています。他のものを入れても残します。

伸び盛りの幼少期に、こんな食生活でいいはずがないですよね。ジュースとゼリーは好きなので、果物に野菜を混ぜたジュースやゼリーを作ったりしています。

今のところ、小柄ながらも順調に身体は発達していますが、「なんでこんなに好き嫌いが激しいいんだろうか」と悲しくなります。育休中だった妻が「ひきわり納豆おかゆ」ばかり食べさせていたからだろうか、わがままなんだろうか、などと思ったりもします。

娘は4歳の時、ASDの疑いありと診断を受けており、そのせいなのでしょうか。

A 専門家の回答

食べられないのは「感覚過敏」の特性のためかも。無理強いは絶対禁物です。

ゼリーやジュースを自作されるなど、なんとか娘さんに楽しく食事をして欲しいという愛情を感じます。

ＡＳＤの９割に感覚過敏

発達に特性のあるお子さんの場合、半分以上に何かしらの偏食がある、という調査報告があります。さらに調べると、どうやらそれは、単なる好き嫌いだけではなく、口に入れた感じや見た目などの感覚過敏が原因であることもわかってきました。

感覚過敏というのは、「味覚」「嗅覚」「触覚」「視覚」「聴覚」といった感覚が、非常に敏感になっていることをいいます。偏食でいうと、食事の準備をする音が嫌だとか、食事中の会話の声が嫌だとか、自分が食べ物を噛《か》む音、例えばキュウリを噛む時のポリポリする音が嫌だという場合もあります。

感覚過敏は発達障害、特にＡＳＤのお子さんの90％にあるという研究*[15]があります。もっとも、定型発達のお子さんの25％にも感覚過敏があることがわかっており、感覚過敏がある＝発達障害である、というわけではありません。

なじみのないものが苦手という特性

また、目新しいものを食卓に出したときに、「これ、なんだろう?」と形や匂いで期待が高まる定型発達のお子さんも多いのですが、ASDのお子さんには、なじみのないものを受け入れるのが苦手、という特性があります。

娘さんが決まったもの以外食べられないのは、そういう特性のせいだと考えられます。決してわがままのせいではありません。そこをぜひわかってあげてください。

「食べること」をツライことにしない

ここで一番やってはいけないことは、「無理やり食べさせる」ということです。

感覚過敏な子どもたちにとって、例えば得体の知れないものを、力ずくで口に入れられるという体験は恐怖でしかありません。触覚が嫌な場合は、例えばドロッとしたスライムを口に入れてるような感覚なのかもしれません。口にしたら鳥肌が立つなんてお子さんもいるくらいです。

そうなると、食事=嫌な気持ちになる恐ろしいこと、としてインプットされてしまい、食事嫌いになってしまいます。生きるために欠かせない「食べる」ということが、毎回苦痛なものとなってはあまりにもかわいそうです。

少しでも食べようとしたら……

また、ＡＳＤ特性のあるお子さんは、嫌いなものだけではなく、大好きな形や色に敏感に反応することがあります。好きなキャラクターや形の食器に、食べられるものを入れるといいかもしれません。

食器には、「食べられるもの」と「もしかしたら食べられるかもしれないもの」を入れてください。「嫌いだけど食べて欲しいもの」は入れないようにしましょう。

そして「もしかしたら食べられるかもしれないもの」に挑戦できたら（実際に食べきる必要はありません。少しでも口に入れられたら）、その意欲をほめましょう。感覚過敏を克服して、嫌いなものが食べられるようになるのは、なかなか難しいですが、少しずつ、できたらほめるを繰り返し、スモールステップで取り組みましょう。

親が楽しく食べている姿を

娘さんは食べられるものが少なくても身体は成長しているようなので、おおらかに見守ってあげてください。パパやママがいろんなものを楽しく食べている姿を見せていれば、そのうち何かのきっかけで食べられるものが増えていくだろうと思います。

偏食も、匂いがダメ、食感がダメ、味がダメ、見た目がダメ、温度がダメ、などお子さんによってそれぞれに理由があります。かりんパパのように、お子さんの特性を見て、工夫されるのはとてもいいですね。無理強いはせず、お子さんが心地よく食事ができ、身体も成長しているのなら、よしとしましょう。

キーポイント

- ASDの子どもの90%、定型発達の子どもの25%に感覚過敏がある。
- 無理やり食べさせるのは一番やってはいけない。
- 「嫌いなもの」は食卓に出さない。「食べられるもの」「食べられるかもしれないもの」だけ。少しずつ、できたらほめるのスモールステップで。

Q4

かたくなにオムツでウンコをするんです。来年小学校なのであせります。

家族状況

ドンちゃんパパ（相談したい子の父、40代前半）／妻（30代前半）／長男（相談したい子、5歳）／次男／妻の母

ご相談

4歳で家のトイレ（幼児便座）でオシッコができるようになったがウンコはかたくなにオムツにする。5歳になったらトイレですると言っていたが、5歳の現在でもかたくなにオムツにはきかえてする。オシッコはすすんでトイレでするので、トイレ自

体が怖いとかではない模様。踏み台も設置してふんばれるようにもしている。保育園ではウンコは一度もしたことがない。以前、トイレでするようにしつこく言ったら3日間ウンコをせず、4日目にオムツでしてもいいよと言ったらすぐにオムツに出した。

　来年小学生になるのにトイレトレーニングが間に合うのかがすごく不安です。早生まれなので、余計にあせります。

　実は先日、保育園で保育士さんから、とにかく気持ちにムラがあり、場を乱す行動が多い（自分の世界に集中しすぎる、それを注意すると癇癪《かんしゃく》をおこす）と言われました。保育士さんの言うことを聞くようにきびしく言っているが効果はありません。

A
専門家の回答

その子なりの理由があることを認めてあげよう。

生理的なことで強制されるのは大人もイヤ

息子さん、3日間もウンコを我慢してたなんて、逆にすごいですね。パンツにはしなかったわけですから、パンツにウンコをしてはいけない、というトイレトレーニングの基本はきちんとできていたんですね。すばらしいことです。まずはそこをほめてあげましょう。

トイレトレーニングは、それまで自分でコントロールしていなかった排泄《はいせつ》機能を習得する、幼児期における大切な発達の節目です。その方法やタイミング、子どもの準備状況、親と子どもの反応によって、達成感を与えることもありますし、逆に挫折感を与えることもあります。

また、トイレトレーニングでは、親が一生懸命すぎるとうまくいかないことが多いのです。子どもも小さいなりに、生理的なことで強制されたり干渉されたりするのがストレスになって余計に出なくなってしまうのです。小学校高学年になってもオムツ、なんて子はあまりいないので、もう少しおおらかに見守ってあげた方が、結局は早くトイレでできるようになると思います。

ドンちゃんパパからすると、「どうしてオシッコはトイレでできるのに、ウンコはできないの？」とじれったく思われるでしょうけれど、息子さんは、息子さんなりの何か言葉にはできない不安な気持ちがあるのでしょう。「体から便が離れるのが心配」でなかなかトイレで大便のできないお子さんもいました。

ウンコもトイレでするもの、というルール作り

来年小学生になるのに、トイレトレーニングがいつまでたっても卒業できないのでは、と心配されていますが、朝や帰宅後に、オムツにはきかえてトイレで座って用を足してもいいのではないでしょうか。この習慣を繰り返すうちに、ウンコもトイレでするもの、というルール作りが頭の中でできて、そのうちにオムツなしでもトイレでできるようになると思います。私たち大人もトイレを見ると、条件反射でトイレにいきたい気持ちになったりするものなので。

オムツを取り上げて禁止するという大変なシチュエーションを作ると、かえって排便にまつわるトラウマができてしまいます。大事なのは本人が気持ちよく排便することです。そして1回でもトイレでできたら、少し大げさなくらいにほめてあげてくだ

さい。スモールステップで、できることから一歩ずつです。

厳しく言うより……

ところで、ご相談で少し気になったのですが、保育士さんから、場を乱す行動が多いと指摘されたのですね。これから小学校へ入り、より多くのお子さんと行動することが増えるため、外でのお子さんの行動がどんなものなのか、知ることができたのは、良かったと思います。

その上で「先生の言うことをちゃんと聞くようにきびしく言っているが効果」がないとありますが、息子さんは何が悪いのか具体的に理解できていないのかもしれません。厳しく言って効果がないのでしたら、できた時に何がどのようにできたかをきちんと説明しながらほめてみてはどうでしょうか。自分がやりたいことをこらえて、みんなと一緒にできたとか、少しでもできたら「みんなと一緒に行動できたね！　えらかったね」などと見逃さずに大げさにほめる。自分がちょっと我慢したらほめられるんだ、とわかれば、息子さんはもっと自制できるようになりますよ。

幼児期に親に受け入れられた経験

そうやってポジティブな関わりで自制心をうまく育てていくことがとても大切です。親や先生が喜んでほめてくれれば、息子さんもうれしくなってどんどんいろんなことができるようになります。「ちゃんと君のことを見ているよ」「できなかったことができるようになるとパパもうれしいよ」という姿勢でいることで、親子関係がより良いものになっていきます。

「メンタルステートトーク」*16 17という言葉があります。親が赤ちゃんの精神状態を共感的に理解してよりそう態度のことで、特に乳児期に必要不可欠なものです。赤ちゃんは親に共感してもらうことで安心を得ることができます。幼児期にも、まずは子どもの目線にたって共感することが大切です。

そうして良い親子関係が築けていれば、いけないことをして、たしなめた時に、「大好きなパパから怒られた」と思ってシュンと反省するはずです。そして、次に同じことはしないようにしよう、と考えるのです。

ドンちゃんパパ、小学校入学を控えた今が親子関係を見直すチャンスですよ！

怒ってばかりいて認めてあげないと、息子さんは自分は誰にも愛されないと思い込んでしまい、自己肯定感が持てなくなってしまいます。するとこの先、思春期、青年期になって、幼い頃に親に受け入れてもらえなかったという悲しい気持ちが、登校しぶりや暴力、精神疾患などといった歪《ゆが》んだ形で出てくるかもしれません。

実際、思春期の問題の根っこが幼少期にあるケースは非常に多いのです。幼少期こそ、子どもにとって、親はガミガミと怒る怖い（あるいは口うるさい）だけの存在ではなく、自分の良いところに気づいて受け入れてくれる、安心できる場所なんだと思わせることがとても大切です。

キーポイント

- トイレトレーニングは、幼児期における大切な発達の節目。達成感を与えることもあるが、時にその子に挫折感を与えることも。
- 親が一生懸命すぎるとうまくいかない。おおらかに見守ってあげて。
- 「体から便が離れるのが心配」でトイレで大便のできない子も。
- できた時に何がどのようにできたかをきちんと説明しながらほめる。

COLUMN 良い親子関係を築くには

興奮して泣いている子どもを抱き上げて、頭をなでたり背中をさすったりしているとだんだん落ち着いてきて泣き止む、ということがよくあります。このとき、脳内で起こっていることについて、最近わかってきたことがあるのでご紹介しましょう。

皮膚には、体毛の生えている有毛皮膚と毛のない無毛皮膚（手のひらや足の裏など）があります。有毛皮膚の表面には、快感を発生させるC繊維と呼ばれる神経繊維があります。皮膚をなでると、この神経繊維から、刺激が大脳皮質の体性感覚野というところをとおって、快感を起こす働きのある島皮質というところへと伝わります。そして、島皮質から「気持ちいい」という指令が出て、泣いている子どもが安心して泣き止む、というわけです。

さらに「なで方」ですが、1秒間に3センチなでるくらいのゆっくりとした速度で、20秒以上なでるのが効果的という研究結果[*18]があります。親のほうも、子どもと皮膚が触れ合うように抱くことで、気持ちよくなり、親子で一体感が生まれ、より良い、親密な親子関係を築くことができるのです。

さらに、ラットの研究ですが、母親が子を頻繁に舐《な》めたり、グルーミング（毛づくろい）したりすることで、子の海馬にあるグルココルチコイド受容体というストレスホルモンの調節に関する遺伝子を変化させることがわかりました。つまり、グルーミングのような愛着行動が行われると、子がストレスに強くなり、しかもその状態が、その子孫へと受け継がれていくというわけです。このような母性行動の世代間伝達は、ラットなどげっ歯類、サル・ヒトなど霊長類で見られること[*19]がわかっています。

乳幼児期の円満な親子関係が大切であることは繰り返し述べていますが、それが脳の発達にも影響し、遺伝子にも組み込まれて世代を超えて受け継がれていく、というわけです。

Q5

後頭部が斜めなのが気になります。発達に影響は？

家族状況

いっくんママ（相談したい子の母、30代後半）／夫（40代前半）／長男／次男（相談したい子、1歳）

ご相談

小さいことでわざわざ病院に行くほどでもないかと思ってはいるのですが、少し不安になることがありますので相談させてください。

1歳半の次男ですが、赤ちゃんの頃から後頭部の形が斜めになっていて、行政の健診や通院ついでにお医者さんに聞いてみても「そのうち治る」だったり「特に心配ない」と言われていますが、不安です。

いわゆる「斜頭」というものだと思うのですが、今から治療しても完治は難しいですよね……。今のところ発達には問題がなさそうですが、斜頭で発達に問題が出るケースはどのくらいあるのでしょうか。頭をなでるたびに、つい気になってしまいます。

A 専門家の回答

頭の形が斜めだからといって、発達に問題はありません。

寝る姿勢で頭の形は変わる

脳科学的に見て、頭の形が変だから脳の発達もおかしい、ということはありません。もっとも、頭の中にある髄液の問題により頭囲が異常に大きくなる水頭症や脳の発達が遅れる小頭症という病気はありますが、息子さんの場合は「特に心配ない」と言われている、とのことですので、おおらかに考えていただくのが良いかと思います。

少し専門的な話をすると、赤ちゃんの頭蓋骨というのは、まだやわらかく、妊娠中や出産時に一定方向の力が加わることで変形することも多いのです。また、生後すぐの赤ちゃんは、寝ていることが多く、寝る姿勢によって頭の形が扁平気味になるということも、よく見られることです。病気ではありません。

医学的な問題がなければ治療はおすすめしない

もしどうしても気にされるようでしたら、赤ちゃんにヘルメットのようなものをかぶせる治療法があります。生後4~8ヶ月の赤ちゃんに半年程度装着させて、なるべく早いうちから頭の形を矯正する方法です。

ただ、もう1歳ですし、いろいろなものに好奇心をもって、見て触ってなめて確認していくこの時期に、絶対必要というわけでもないのに、長時間異物を装着して、不快な思いをさせてしまうのもどうなのか、という気もします。

例えば、息子さんの頭の出っ張りをおさえるように枕を組み合わせて使用したり、真ん中に穴の開いた枕を使って扁平部分を矯正するなど工夫して、寝る時の姿勢を、少し変えてあげると変わってくることもあります。また、髪の毛がふさふさと生えてくれば、頭の形も気にならなくなるかもしれません。

乳幼児期に急激に大きくなるＡＳＤ児の脳

頭の形ではないのですが、実は、２０００年以降、頭囲と発達についてわかってきたことがあります。少し話はそれますが、ご紹介しておきましょう。

ＡＳＤのお子さんの頭囲は、生後早期から2～3歳にかけて、急激に大きくなる場合があります。もちろん、もともと骨格の大きいお子さんはいますし、頭が大きいことだけがＡＳＤの指標ではありません。

脳が大きくなるのは発達しているということで、よいことではないか、と思われるかもしれませんが、そうではありません。ここで問題なのは、脳内で一時的に起きる「過剰な」成長です。

脳は使うことで発達する

赤ちゃんの脳は、すごい勢いで神経細胞を伸ばし、多くのネットワークを広げて、言葉や社会性、認知機能を発達させていきます。頭囲が急激に大きくなるＡＳＤのお子さんの脳では、特に前頭葉が「異常に」発達しています。前頭葉は読んで字のごとく脳の前の方にあり、状況に応じた判断など人間らしい様々な機能を司《つかさど》る前頭前野がその大部分を占めています。

その中で、神経細胞が過剰に成長してしまうと、神経細胞同士の連携ができなくなり、スムーズなネットワーク作りができなくなってしまうのです。そのため、いろんなことを瞬時に処理する脳の発達に障害が出てくる、というわけです。

ただ、神経細胞のつながりは、周りの環境との相互作用で変わっていくため、周りの大人ができるだけ早い時期に特性に気づき、適切な働きかけをすることで、使われる神経細胞同士のつながりは増えて強くなっていきます。少し難しい言い方ですが、このような考え方をUse-dependentといいます。「使うことによる神経細胞の変化」という意味です。脳は使うことで発達し、最適化されていくのです。

キーポイント

・頭の形が変だから脳の発達もおかしい、ということはない。
・ＡＳＤ児の脳は「過剰な」成長をする場合もある。特に前頭葉が「異常に」

発達する。

・ASD児の頭囲は生後早期から2～3歳にかけて、急激に大きくなることも。

・早期に適切な働きかけをすることで、使われる神経細胞同士のつながりは増えて強くなる。脳は使うことで発達し、最適化されていく。

COLUMN 脳の発達と身体の成長

生まれたときから20歳までにみられる、脳と一般臓器と生殖器の成長を比較したわかりやすい図があるのでご紹介しましょう。

20歳のときの値を１００とした図です。一般臓器や生殖器に比べて、脳がいちばん早く大人に近づくことがわかります。

生まれたばかりの赤ちゃんの脳では、神経細胞（ニューロン）の数は大人と同じくらいあるのですが、つながってはいないの

スキャンモンの成長図

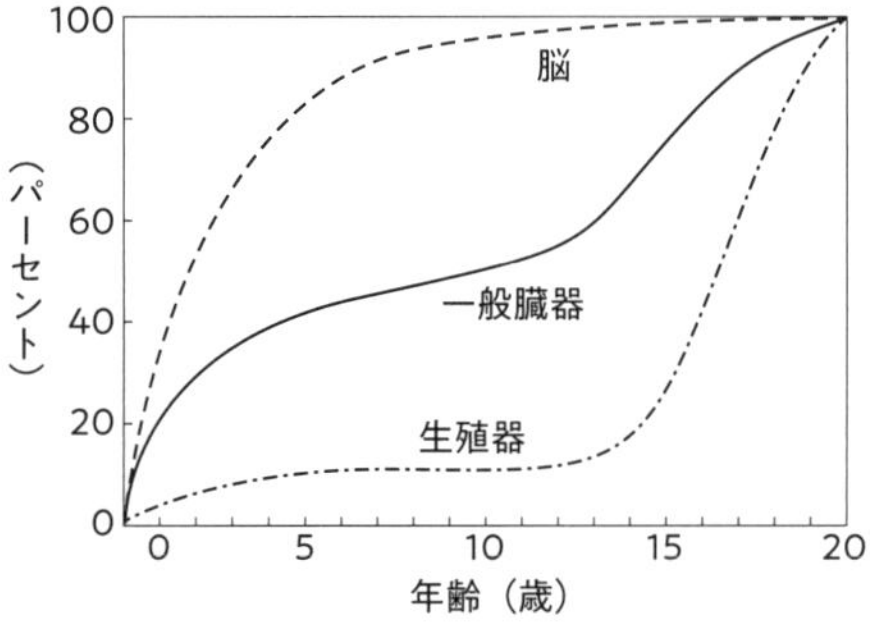

です。音を聞いたり何かを見たり、手や舌で触れたりといった刺激を受けて反応すると、神経細胞の先端にあるシナプスから神経伝達物質が出て、次のシナプスに情報が伝わります。そうやって次々と情報が伝達されて脳の回路がつながっていきます。

刺激を受けずに使われないとつながりはできず、いったんできた回路も使われないとなくなってしまいます。だから**脳が特にぐんぐん成長する5歳くらいまではどんどん刺激を与えることが必要**なのです。

Q6

「ズボンが気持ち悪い」とはけなくなった娘。もう着られる服がありません。

家族状況

くままま（相談したい子の母、30代後半）／夫（30代後半）／長女（相談したい子、5歳）／次女

ご相談

ふだんは特に問題がある感じはないのですが、服などの接触に過敏なのか、何か1つのことが気になりだすとずっとそれを気にしてしまう癖《くせ》（?）があります。

数ヶ月前から「ズボンが気持ち悪い」と言いだし、それまで何も気にせずはいていたズボンの大半がダメになり、今は特定のお店のズボンしか受けつけなくなりました。

その後「靴下がなんかやだ」と言いだし、何度も何度も靴を脱いでは直したり、それまでは何も言っていなかったのに「靴下が気持ち悪いかもしれないからはきたくない」と言いだしたり……。

「はけるやつをはけばいいよ」「ダメなやつは無理にはかなくていいよ」と言ってはいるものの、一度大丈夫と確認して買い足したズボンも次の日には「ダメ」となってはけなくなったこともあり、正直「いつまで続くのか、はけるものがなくなってしまったらどうしよう」と不安です。

何をはかせても「気持ち悪い」と言うときには、着られるものがないので「じゃあ今日はお出かけはやめとこうね」と言うと「それはやだ！」と言われ、「じゃあちょっとがまんして着られる？」と聞くと「気持ち悪くていやだ！」と言われ、八方ふさがりでどうしてあげることもできずイライラしてしまうこともあります。

コロナ禍で外出自粛や保育園の登園自粛の際に、固形物が飲み込めなくなるなど、繊細なところがある子なのだろうなと思ってはいるのですが、これは何か発達に問題が……？　と不安もあり、どう対応していいのかと悩んでいます。

A

専門家の回答

子ども自身に、服を選ばせてみてはどうでしょう。

不安なせいで、ますます感覚過敏になる

ズボンがはけなくなり、ご家族の毎日の生活に支障をきたしている状況なので、なるべく早く対応する必要があると思います。それまで大丈夫だったのに、なぜそうなるのか、わけがわからずとまどってしまいますよね。

娘さんはもともと、少し感覚が過敏なのだろうと思います。そして、過敏＝感覚の過剰反応は、不安と大きく関係していることがわかっています。つまり、不安感があると、ふだんは大丈夫なことでも過剰に反応してしまうということです。

コロナ禍での外出自粛が続いた時、固形物が飲み込めなくなったというのは、くままさんのおっしゃるように、娘さんが繊細で、ふだんと違う状況にうまく対応できず、それまで気にならなかったことが気になるようになってしまったと考えられます。

ズボンがはけなくなったのも同様で、娘さんの場合、不安な気持ちや感覚過敏がひど

くなる、という形で出ているのかもしれません。

それでも、「気持ち悪いからはけない」と自分の思いをくままさんに伝えられるのは、すばらしいです。感覚過敏を持っているお子さんの中には、自分の感覚の不快さが理解できずに、落ち着かなくなって乱暴に服を脱ぎ捨てるなどして暴れる、というような、言葉で表現することができずに苦しんでいるお子さんが結構いるのです。

どういうものがきらいなのか、親子で理解する

それにしても、はけるズボンがなくてお出かけができない、というのは困りますね。「これはどう？」「じゃあ、こっちは？」と娘さんのごきげんをうかがいながら一つ一つズボンをわたされているのだろうと思いますが、いっそ、ズボンもスカートもワンピースも、すべてを目の前に置いて、「どれが着られる？」と娘さんに選ばせてはどうでしょう。

そしてイヤの度合いを1～10の数字でどれくらいになる？　ときいてみる。レベル8だと「ああ、今は着られないレベルだね」、レベル4だと「なんとか着られそうだから挑戦してみようか」などと、イヤな感覚のレベルを自分で評価して、お母さんと

共有しておきます。そうすれば、イヤなのは布のタイプによるのか、形や色なのかな

ど、過敏さの原因を理解するのに役立ちます。

「魔法」を使って、娘さんの気を散らしてみる

「どれも無理」となったら、「魔法」を使ってみる方法もあります。

「そっか、これも気持ち悪いのかあ。でもね、ママ、実は魔法が使えるのよ。こうすれば気持ち悪くなくなるのよ」と、例えば、リボンやワッペンをつけてみます。あるいは下にレギンスをはかせるとか。「無理！」となっている気持ちを、少し横にそらすのです。それで、一瞬でも大丈夫かも、となったら、「じゃ、とりあえずそれで出かけましょう。でもやっぱりダメな時のために、お着替えも持っていくから大丈夫」と着替えを持って出かけてしまいましょう。

お母さんのほうで「お出かけの時はこういう服でなきゃ」という気持ちがもしあれば、それはいったん捨てて、部屋着やパジャマに上着をはおる、くらいでもよしとしましょう。服の感覚過敏のことが気になってしかたない娘さんと同じ土俵にいるよりも、親は少し引いた視点で、裸でなければよし、靴下も別にはかなくていい、くらい

でつきあった方がいいと思います。少しの時間でもその服で行動できれば、案外いける、と娘さんも思うかもしれません。

発達障害の診断基準にも「感覚過敏」は入っている

感覚過敏がひどいと「何か発達に問題があるのでは」と気にされる方は多いようです。確かに、発達障害の中でもＡＳＤの診断基準のひとつに「感覚過敏（鈍麻）」があります（「鈍麻」というのは、「過敏」とは逆に、感覚がとても鈍いという特性です）。実際、ＡＳＤ特性のある人の96％が、感覚症状がある、という調査結果[*20]があります。もちろん、感覚に問題のある人全てがＡＳＤと診断されるわけではなく、通常の定型発達の中にも感覚が過敏な人はいます。

ただ、過敏ゆえに服が着られずに外に出られなくなってしまうというのは生活に支障があり、人とのコミュニケーションの機会も減ってしまいます。そうやって、行動の幅を狭めてしまうことを考えると、先に書いたような対応をとりながら、できるだけ早く専門家に診ていただき、問題となるレベルなのかどうか診断されることをお勧めします。実際に生活に影響が出ているかどうかが受診の目安で、娘さんの場合は、その段階だと思います。もし、発達相談を掲げている小児科などが近くにない場合は、まずは保健所や地域の発達支援センターなどにご相談されるとよいでしょう。

お子さんの感覚についての特性を知ろう

診断の際には、どのような感覚がどのくらい過敏なのかを評価する「感覚プロファイル検査」というものがよく用いられます。例えば、触覚については「汚れるのを嫌う」「特定の生地に敏感に反応する」「触れられると感情的・攻撃的に反応する」といった質問に、保護者や養育者が回答していきます。他にも、聴覚、視覚、嗅覚（におい）、口腔（口の中の）感覚など幅広い感覚についての125項目の質問で構成されていて、感覚の過敏（や鈍麻）についていろんな角度で知ることができます。

娘さんが経験している感覚を他の人が共感することは難しく、娘さん自身も、それが自分特有のものだとは自覚していないかもしれません。そのため、周りからは「わがまま」とか「がまんが足りない」などととらえられがちです。

もし娘さんの感覚過敏が、専門家からみて問題となるレベルであったとすれば、娘さんの症状に応じた対応（環境調整など）を提案してくれるでしょうし、保育園でもそのような特性を理解して接してくれるはずです。感覚過敏を入り口に、娘さんの「発達の特性」について知ることもできるかもしれません。

不安ゆえに一時的に感覚がいつもより過敏になっているだけかもしれませんが、発達の問題は早期発見・早期介入が大事です。ぜひ一度、受診を考えてみてください。

キーポイント

・不安になると、感覚過敏がひどくなることも。
・イヤの度合いを数字で説明してもらい、何に過敏かを理解する。
・気を散らして、イヤなことに意識が集中しすぎないようにする。

COLUMN　ＡＳＤと腸内細菌

胃腸と脳は、密接に関連しています。ストレスを受けるとお腹の調子が悪くなったり、逆に胃腸の調子がよいとすっきりした気持ちになるといった経験をされている方も多いことでしょう。このような脳と腸の関係を「脳腸相関」といいます。ＡＳＤ児では、消化器症状のある（胃腸の弱い）お子さんが多いという研究結果があります。

そして最近、複数の研究で、ＡＳＤの子どもの腸内細菌の種類と量が、定型発達児と比べて特異である可能性が示されました。特に、ＡＳＤ児では神経伝達物質の合成に関連する腸内細菌の機能が著しく弱かったことが報告[*21]されています。

脳腸相関ということもあるので、今後、これらの研究が発展して、腸内細菌を調べることがＡＳＤ診断の一助となったり、腸内細菌を整えることでＡＳＤの症状を和らげたりするといった治療につながる日がくるかもしれません。

発達障害の子どもや大人が、現代社会でより困り感なく過ごせるように、発達障害についての研究は、今も世界中で行われています。

Q7

いくら教えても、決まりが守れません。わがままで将来が心配。

家族状況

ちえみん（相談したい子の母、30代前半）／夫（30代前半）／長男（相談したい子、5歳）

ご相談

ＡＳＤの可能性があると言われている息子は、いくら教えてもルールが守れません。脱いだ服を洗濯カゴに入れる、食べたお皿をキッチンに持って行く、ブランコでは順番を待つ、といった基本的なことなのに。私も何度も同じことを言いたくないのですが、たまに言われたとおりやることはあっても、たいていはやらないので、つい、大きな声で怒ってしまいます。特にブランコの順番など、女の子が待っているのに、空いたら平気でわりこんで乗ります。「この女の子が先に待っているからダメでしょっ」と言って、列の後ろに並ばせるのですが、次にまた同じように待っている子を無視して乗ろうとするのです。「ルールが守れない子は公園では遊べませんっ」と引きずって帰ったこともあります。
うちの息子はどうしてこんなにわがままなのでしょうか。このままだと将来が心配でたまりません。

A

専門家の回答

指示を具体的かつ明確に伝えてみてください。

言葉どおりに理解しているのかも

息子さんは、もしかしたら言われたことを「そのまま」受け取っているのではないでしょうか。

最初にブランコの順番を待っている女の子がいたときに、ちえみんさんが「〝この女の子〟が待っているからダメでしょ」と言ったんですよね。息子さんは「この女の子」が待っているときは、その後ろに並ばないといけない、と理解したのかもしれません。つまり、他の子が待っているときには、並ばなくてもいい、と受けとったのではないでしょうか。

ＡＳＤ特性のひとつに「言われたことをそのまま理解し、想像したり、言外の意味をくみとるのは苦手」というものがあります。

言われていないことはできない

例えば、「お風呂見ててね」と言うと、お風呂にお湯がたまってあふれていくのをずっと「見ている」だけ、というのはよく言われます。「お風呂にお湯を入れているので、そのお湯がこの線までできたら止めてね」と詳しく具体的に言わないと、指示されたことが理解できないのです。

脱いだ服も、もしかしたらお風呂場で脱いだ服だけ洗濯カゴに入れればよくて、リビングで脱いだ服は洗濯カゴに入れなくてよいと理解しているのかもしれません。キッチンに持っていくのは「食べ終わったお皿」だけで、お茶碗やお箸は持っていかない、と思っているのかもしれません。そう考えると、息子さんはけっして「わがまま」なわけではなく、むしろ言われたこと「だけ」を忠実に守るお子さんなのではないでしょうか。

通常の場合ですと「え？　そんなことある？」と思われそうですが、ＡＳＤの場合、相手の言いたいこと、してもらいたいことを想像して行動することがとても苦手なのです。自分の見たこと、聞いたことはそのまま理解しますが、相手の立場に立って考えたり行動したりということが不得手、という特性があります。

その子にわかる伝え方

ですから「なんでできないのっ」と怒る前に、指示を明確に伝えるようにしてみてください。家で親御さんたちがしがちな「あれとって」「ほらあ、そこにあるじゃないの」というのは通じないと思ったほうがいいでしょう。その代わりに、具体的に伝えれば、きっといつまでもそのルールを守ってくれると思います。「テーブルの上のペットボトルのとなりにある紙をとって」「恐竜展に間に合うように出かけたいから、ハンカチをカバンに入れて靴下をはいてね」と理由も含めて細かく指示します。

また、お子さんによっては、視覚情報で伝えたほうが理解しやすい、という場合もあります。絵や写真を見せながら、「この写真のように、本は本だなに立てて入れて、エンピツはエンピツ立ての中に入れようね」などと伝えるのもよいと思います。

小学校でも、体育館のマットのしまい方や理科室の器具の置き方など写真を貼って、子どもたちに見せているところがあります。ＡＳＤ特性のあるなしにかかわらず、初めての人にも伝わりやすい方法ですね。

キーポイント

・「言われたことをそのまま理解し、想像したり、言外の意味をくみとるのは苦手」。そして「言われていないことはできない」というＡＳＤ特性。

・具体的に伝えたり、絵や写真を用いて、その子に伝わるような説明を。

COLUMN 心の理論

自分以外の人の気持ちを類推して理解する能力を、発達心理学の言葉では「心の理論」と言います。一般に就学前のお子さんでは、心の理論を持っていますが、ＡＳＤのお子さんでは、就学前ではまだ難しいことが多いようです。よく取り上げられる例をご紹介しましょう。

サリー・アン課題

部屋にサリーとアンの2人がいます。サリーは、自分のバスケットにビー玉を入れて部屋を出ました。すると、アンが、バスケットからビー玉を取り出し、自分の箱に入れました。

サリーが部屋に戻った時、どこからビー玉を取り出そうとするでしょうか。

この問題に3歳くらいまでのお子さんはたいてい「箱」と答えます。これは、自分が見て知った現実と、サリーが信じている現実が違う、ということを理解することが困難だからです。4〜5歳になると、ほとんどの子どもが「バスケット」と答えるようになります。ところが、ASDのお子さんの場合、自分の見たことは理解できますが、サリーの立場に立って考えるということが非常に苦手なために、この問題について、6歳〜7歳になっても「箱」と答えてしまうお子さんが結構いるのです。**自分以外の他者のことを理解する能力を、なかなか自然に獲得することが難しい**、ということを示す、象徴的な課題です。

Q8

小３から「まなびの教室」に通う息子。指示を忘れることが多くて困りそう。

家族状況

つきのうさぎ（相談したい子の母、50代前半）／長男／次男（相談したい子、11歳）

ご相談

うちの息子は、小学校２年生のときに、担任から「授業中にずっと何かをいじっていて他の子どもたちの迷惑になっている、毎日お母さんに来てもらいたい」と言われた。その際にＷＩＳＣ検査を受け、他の能力はほぼ平均的だが、耳から聞いた指示への対応能力が平均よりやや劣ると出た。

小学3年生のときに、「集団だとうまく意見を言えない、集団での行動についていけないことがある」として、発達上気になる場合に受けられる学校内の「まなびの教室」を勧められ、現在まで週1回通っている。

息子は、ぼんやりしているときなど、気がつくとずっと爪をかじっていたり、何かをずっとふりまわしていたりと手を動かしていないと落ち着かないようだ（そのため、爪を切った覚えがないくらい爪はいつも短い。また少しでも爪が伸びたりどこか引っかかりがあると爪切りで切るので、足の指が血だらけになることもある）。

だんだん高学年になり、そろそろじっとしていられるようにならないと授業が厳しいかも……。また、健康上でも爪嚙《か》み、爪切りを使いすぎるのは危険。

さらに、5分前に言ったことも忘れていることが多い。「まなびの教室」でも、3個以上指示をしてみると、1個忘れていることが多いとのことで、現在は忘れないようすぐメモするなど対策を講じているが、さすがに3、4個は覚えていられないとこの先困りそう……（ただ、担任からは、テストの成績を見るに知能的には悪くないため、授業などではとりあえず支障がない様子とのこと）。何分前に出ると間に合う、などの時間感覚、行ったことがあるところにまた行くなどの空間感覚もないようで、余裕があってもいつの間にか時がたって遅刻したり、道に迷ってしまう。これもそろそろ自分で行動しないといけない年齢なので、困りそう……。

A 専門家の回答

家庭と学校両方で、お子さんの特性に応じたサポートを。

WISC検査について

小学校2年生のときに、WISC検査を受けられたとのこと。WISC検査は、5歳から16歳までの児童用のウェクスラー式知能検査のことです。

・言語理解（言語による理解力と表現力）
・視空間（詳細な視覚情報を把握し、その関係性を推理する力）
・流動性推理（視覚的な概念の理解力、推理力や応用力）
・ワーキングメモリー（あとで使う情報を一時的に記憶しうまく利用する能力）
・処理速度（視覚情報を処理する速度）

の5つの能力と知能指数（ＦＳＩＱ）を算出する検査です。知的な力がどれくらいあるかを評価し、また、どういったことが苦手で何が得意なのか、発達に凸凹があるのかを明らかにして、必要なサポートを知るために実施されます。

息子さんの場合、知的能力に問題はないものの、耳から聞いた指示への対応能力がやや劣るという結果だったとのこと。この結果から、息子さんが「5分前に言ったことを忘れる」「3個以上指示すると1個は忘れる」というのも、十分説明がつきます。

つまり、話した指示を記憶し対応するのが苦手、という特性があるのです。一時的に情報を記憶する能力をワーキングメモリーと言いますが、この働きに困難さがあると考えられます。また、指示をうまく処理する認知機能の働きが、まだ発展途上である可能性もあります。

目で見てわかる指示をする

他は平均的だったとのことですので、まずは指示する際に、視覚的にわかるように行う必要があります。小３から週１回通っている特別支援教室「まなびの教室」で、すぐにメモをとるようにされているのは正解です。指示自体も目で見てわかるように、黒板に書くとか、スケジュール表をわたすなど書いて表したもので伝えると、忘れることもぐんと少なくなるはずです。

ご家庭でもぜひ、実践してください。例えば、

「今日は学校から帰ったら歯医者さんに行ってね。予約は４時半だから４時には家を出るように。場所は何度も行ってるからわかるでしょ」

と言って指示するのではなく、帰宅してからのタイムスケジュールをやる順番とともに紙やホワイトボードに書いておきましょう。４時にアラームをセットしておくというのもいいですね。歯医者さんまでの地図も、手描きするか、ＨＰからプリントアウトするなどして用意しておきます。複数の処理が苦手かもしれないので、やるこ

と、順番を「目で見てわかるように」しておくことで、失敗は減っていくと思います。

このように指示の仕方を意識することで、かなり困り感は少なくなるはずです。そのためにも、学校だけでなく、ご家庭でも是非サポートをお願いしたいのです。

家庭でのサポートが不可欠

ご相談を読んでいて少し気になったのは、つきのうさぎさんが「高学年になり～授業が厳しいかも」、とおっしゃっていることです。大きくなるからなんとかしないといけない、というものではなく、小さい頃から、適切なサポートを受けていなかったから、何をしたら良いのかわからず、集団での行動についていけなかったのだと思われます。

爪噛みについても、みんながやっていることについていけず不安な気持ちでついやってしまっているのかもしれません。気になるようなら、爪に絆創膏《ばんそうこう》を貼るなどして、代わりに、何か筆箱に入る程度の感覚オモチャ（にぎにぎボールなど）を先生に許可をもらって持たせてもらうと良いでしょう。

息子さんの特性は、放っておいたら「治る」ものではありません。苦手なことに取りくむときには、パニックになるようなことは避けましょう。なんとかスムーズに日常生活を送らせるためにどうしたら良いのか、生活の中でうまくサポートをしていきましょう。

自信を持たせる成功体験とは

日々の慌ただしい生活のなかで、そこまでするのは手間ではありますが、それによって息子さんの成功体験も増え、自信につながります。きちんと用事を済ませることができたら、ほめてあげてください。続けるうちに、息子さん自身も、ミスをしないために必要なことを学習し、自分でメモをとったり、地図を用意したりできるようになると思います。

発達に特性のあるお子さんの場合、学校でも家でも、不注意が多くて怒られることが多いのです。でもそれはけっしてその子のせいではありません。周りの大人が発達の特性を正しく理解して支援の手を差し伸べていなかったからです。子どもはサボっていたわけでも、ふざけていたわけでもありません。ただ、耳で聞いた言葉を脳で処理するのが苦手で、その指示を覚えていられないタイプだっただけです。

どうかお子さんの苦手なことはサポートし、できるところを積極的に見てあげるようにしてください。思春期へと突入していく今、お子さんにとって、なるべく困ることがないように、親御さんのひとふんばりが求められています。

キーポイント

- ＷＩＳＣ検査では、知的能力や得意不得意を調べる。
- 特性は放っておいたら「治る」ものではない。子どもが何を不得意とするかがわかったら、家庭でサポートを。
- 成功体験を増やしていき、その都度ほめる。

Q9

幼稚園のお友だちをきらいます。なんて言えば納得してくれるでしょう。

家族状況

ジュディ（相談したい子の母、30代後半）／夫（30代後半）／長男／次男（相談したい子、5歳）／祖母（ジュディの実母）

ご相談

幼稚園年中の夏休み前に、幼稚園から他の子となじめず、行動もゆっくりなので、発達相談を受けたらどうかとの打診があり、その後すぐに自治体の発達相談を受けました。発達相談の幼稚園訪問では、「確かに運動能力等は少し遅れが見られるが、現時点では問題なし」ということで、その後は親子教室などで相談を続けています。しかし冬休み前に幼稚園からまた面談があり、このままだと年長の保育に不安があるとのことで、年長からは療育も取り入れようかと自治体含め相談中です。

とにかくクラスになじめず、仲良しの友達ができない。クラスメイトの名前も覚えません。年少の時は覚えていたのですが……。そして、1人だけ苦手な子がいるらしく、その子に対する拒否反応がとても強いです。目の前を通っただけで泣いていやがることも少なくありません。子どもから理由を聞くと、一度何かで注意された等の理由で苦手になったようです。幼稚園がきらい、友達がきらいなどと言った時に「自分がそう言われたらいやでしょ？　相手の気持ちも考えなさい」とたとえ話をして叱ることがあるのですが、どのように話せば子どもは納得してくれるのでしょうか？

また、ふだんはできることでも、少しでも環境や手順が変わると不安になり、やりたがらないことが多々あります。食事も偏食で、野菜はほとんど食べません。匂いなどで食卓に並ぶだけで嫌がるものもあります。

A 専門家の回答

まずはお子さんの特性をわかってあげましょう。

発達相談を続けること

この連載で何度かお伝えしていますが、発達の問題は、早期発見・早期療育で、それなりに周りとうまく付き合っていく方法をなるべく早いうちに身につけることが何より大切です。

周囲が子どもの発達上の問題に気づかず放置していると、年齢が上がるにつれて、精神的に傷ついたり傷つけたりするケースも増え、気づいた時には、人格形成上、取り返しのつかないことになっている、というパターンが多々あるからです。発達障害そのものよりも、こういった二次的な障害のほうが、実は問題なのです。

その点、ジュディさんの息子さんの場合、年中の時に発達相談を受けて、その後も相談を続けているとのこと。ジュディさんだけでなく専門家の方々の目があるというのは、とてもいいですね。

「あいさつ」から始める

さて、ご相談によると、息子さんは自分以外の人への興味がうすい、という特性があるようです。通常、3~4歳になると特定の友達に興味を示すような行動が見られるようになりますが、それがない。他の子に関心を持たずに、自分だけの世界で満足してしまうお子さんなのかもしれません。

でも、これから先、上の学校に行き、いずれは社会に出て自立して生活していく、ということを考えると、最小限の人との関わりを学ぶ必要があります。

少なくとも、何か自分にとっていいことをしてもらったら「ありがとう」とお礼を言う。朝クラスメイトに会えば、「おはよう」とあいさつをする。いけないことをしたら「ごめんなさい」と謝る。そういったことは今の時期から繰り返し教えていきたいものです。

親と一緒に顔の方を見てあいさつ

では、他の子に興味のない息子さんに、どうやってそれを教えるのか。まずは、ジュディさんが、息子さんと一緒に、にっこり笑って「おはよう」とお友達に声をかけてください。落としたものを拾ってもらったら「ありがとう」と相手の目を見て言ってください。

もしかすると息子さんは目を見られないかもしれませんが、その場合は、せめて相手の顔の方を見て、まずはあいさつすることから始めましょう。そして、自分の周りには他の子がいて、あいさつをするとあいさつが返ってくる、ということを少しずつ意識させましょう。

相手の気持ちを考えるのは苦手

「あの子、きらい」と言われたら、どうかその気持ちを否定しないようにしてください。「そんなこと言われた相手の気持ちを考えて」というのは、息子さんにとっては、かなり難しい要求かもしれません。

そもそも、クラスメイトの名前を覚えない、つまり他の子への関心がうすいのですから、「相手の気持ちになって考える」と言われても、全く響いてこないでしょう。幼稚園児に「大学数学を解いて」と言っているようなものです。

何かわからないけれど、「きらい」と言ったらママに叱られた、というネガティブな記憶が残るだけです。そうすると、もう幼稚園の話はしてくれなくなるかもしれません。

「きらい」という気持ちも……

まずは、「そうか、きらいなのね。教えてくれてありがとう」と息子さんの気持ちを責めずに受け止めてください。自分の気持ちを受け止めてもらった、という経験を増やすと、自己肯定感も高まります。そして「でも、それはその子には言わないほうがいいよ。だって言われたら、いやな気持ちになっちゃうからね」と相手の気持ちを想像してみることを教えましょう。

そしてきらいな子にはあえて近づく必要はありません。「じゃあ、誰だったらいいかな。他におもしろい子はいるかな」「どんな子なの？　その子とお話できるといいね」と幼稚園のお友達の話を、まずはジュディさん自身が楽しそうに聞いてあげてください。ママが楽しそうに聞いてくれると、息子さんもママにお話できるよう、お友達のことをもっと知りたいと思うでしょう。

言われたことをそのまま受け取る特性

気になったのは、一度何かで注意されたせいで苦手になった子が前を通るだけで、泣いていやがる、ということです。5歳くらいになるとなかなかきつい言葉のやり取りが時にはあります。

息子さんは言葉の理解はそれなりに高く、言われたことを字義通りにとったり過敏に反応してしまう特性があるのかもしれません。例えば、何かの仕草がおかしくて「変な顔」と言われたとします。そうすると、自分は変な顔なのか、とその時の状況などお構いなしに、そこだけを取り上げて気にしてしまう。そしてそう言った相手をきらいになる。

そんな時は、状況を聞いて「そうか、それできらいになったんだね」と受け止めたうえで、「でも〇〇くんは、こういう気持ちで言ったんだと思うよ。本当に変な顔だと思って言ったんじゃないよ。だからそんなに気にしなくていいんだよ」と説明してあげましょう。

否定せずに子どもの話を聞く

もしかすると、息子さん自身も、全く悪気はなく相手のいやがることを言ってしまっているかもしれません。だから相手からも言われてしまう。相手がいやがるような言葉をそのまま口にしてしまう、そして自分が言われた言葉は前後の文脈と関係なく、言葉通り受け取って過剰に気にしてしまう。他の人への関心のうすいお子さんでは、そんな特性がある場合も多いのです。

息子さんが言われていやだと思ったこと、そのことが気になって不安になっていること、どうかそんな感情を受け止めてあげてください。否定せずに話を聞いて、自分の気持ちを伝えてくれたことをほめてあげましょう。

初めてのことで親がすべきサポート

環境の変化に弱かったり、新しいことには不安があってやりたがらないお子さんは結構います。でも、例えば幼稚園の行事など、どうしても避けられないものもあります。あらかじめ段取りを先生に聞いて、家で何度も確認しておく、去年のビデオがあれば見せておく、など親御さんが先回りしてサポートをしてあげてください。そうすれば、いきなり新しいことをさせられるよりは、ある程度心の準備ができ、スムーズに取り組めるはずです。

息子さんの場合、社会性に問題が見られるものの、言葉は理解し、自分の気持ちも伝えられているようなので、なるべく息子さんの不安を減らせるように、ジュディさんができることはしてあげてください。

偏食でしてはいけない対応

偏食については、無理やり食べさせようとせず、食べられるものでなんとか最低限栄養バランスが取れていればいいでしょう。野菜を食べないなら、野菜ジュースで代用するとか、きらいなものは出さないなど。とにかく食事は楽しい、と思わせるのが何より大事です。

これから小学校に入り、幼稚園より大きな集団での生活が待っています。息子さんの特性を理解して、なるべく前向きなサポートで「いやだな」と思うような場面を作らないこと。最低限、「あいさつ、ごめんなさい、ありがとう」が言えるようにしておくこと。大変だとは思いますが、ぜひ心がけてみてください。

キーポイント

・「相手の気持ちになって考えろ」と言われても響かない。
・字義通りに受けとってしまっている可能性も。
・否定せずに話を聞いて、「いやだ」という感情も受け止める。
・親が手本になって、まずは「あいさつ、ごめんなさい、ありがとう」ができるように。

Q10

寝つきが悪く、本を6冊読んでも寝てくれません。どうしたら寝てくれるでしょう？

家族状況

ふみこ（相談したい子の母、30代前半）／夫（30代前半）／長女（相談したい子、3歳）

ご相談

娘は、なかなか夜寝てくれません。赤ちゃんの時から少し眠るとすぐに起き、お気に入りのビデオを見させたりしてまた寝かせて、を繰り返し、「朝になったら起きて夜になったら寝る」というリズムを作るのに苦労してきました。本を5冊、6冊と読んでもまだ寝てくれず。６冊読み終わると、また１冊目から読んで、とせがまれます。

こっちもさっさと寝かしつけて、家のことをしたり自分の時間を持ちたいと思うのですが、結局夜11時くらいになるまでなかなか寝てくれず、夜中に目を覚ますこともあります。ビデオを見せて私はウトウトしていますが、ゆっくり休めず、いつも寝不足です。娘は朝ゆっくり起きてきますが、私は夫を送り出すためにそういうわけにもいきません。なんだか自分のグチのようになってしまいました。母親失格ですね……。

実は、知的な遅れはないがＡＳＤの疑いがあると言われていて、そのせいもあるのかもしれません。幼稚園入園までになんとかしなきゃ、と焦っています。

A

専門家の回答

睡眠の問題も発達特性。「光」を効果的に使いましょう。

日本の子どもは寝る時間が短い

毎日寝るのが夜11時とは、確かに遅いですね。ちなみに、欧米やアジアなど17カ国における0～3歳までの乳幼児の睡眠について調査した研究では、アジアの国々では欧米に比べて寝る時刻が遅く、総睡眠時間も短い国が多いのですが、特に日本の平均総睡眠時間は最も短く、11・6時間だったという報告[*22]があります。

睡眠時間が短い（2歳半～6歳までに10時間以下の場合）と、長い子と比較して多動や肥満の傾向が強まり[*23]、知能検査の数値が低い[*24]という研究結果もあります。また、大人でもそうですが、寝不足が続くとイライラして怒りっぽくなりがちです。子どもも同じで、睡眠不足や夜型傾向だと、攻撃行動が増すことがあります。

さらに、3歳時の総睡眠時間が9～10時間の子、8～9時間の子は、11時間以上睡眠をとっている子に比べて中学1年時の肥満のリスクがそれぞれ1・24倍、1・59倍高い、という報告[*25]もあります。

発達障害児では睡眠の問題がある割合は高い

また、発達に特性のあるお子さんの場合、娘さんのように寝付きの悪さや、夜中に起きてしまったりといった睡眠の悩みを抱える親御さんは少なくありません。子どもが寝てくれないと親も寝不足になるのでつらいところです。

参考までに、発達障害児の場合、ＡＳＤでは50～80％、ＡＤＨＤでは25～50％のお子さんに、なかなか寝ない、起きない、寝過ぎといった睡眠の問題があるという研究結果があります（ちなみに定型発達児の場合、睡眠に問題のあるお子さんは25％程度）。乳児では、まだ朝起きて夜寝る、という睡眠サイクルが定着していないのが普通ではありますが、後にＡＳＤと診断されたお子さんでは、生後６～12ヶ月で入眠の問題があったというケースが高い頻度でみられます。

発達障害は生まれつきの「脳の機能障害」で、それが睡眠の調整にも関係していると考えられていますが、はっきりしたことはわかっていません。感覚過敏のために少しの物音で起きてしまうとか、昼間のストレスが原因だとか、興奮しやすいせいだとかいろいろな理由があると思います。

ふみこさんは毎日６冊もの本を読み聞かせているとは、すごく努力をされているのですね。母親失格なんてことはないですよ。ご自分を責めないでくださいね。娘さんは本が好きなようですから、やがて、自分で本を読むようになってくれるのではないですか。もう少しつき合ってあげてください。

寝る前の2時間でしてはいけないこと

少し気になったのは、夜中に起きてしまったときに「ビデオを見せる」ということ。実はビデオやテレビ、パソコンなどの光る画面を見ることは、睡眠ホルモン「メラトニン」の分泌が抑えられ、自然な眠りへの誘いを妨げてしまいます。寝室にテレビがある子の割合は1〜2歳で17％、3〜5歳で30％あり、寝室にテレビがある子どもはない子どもに比べて20〜30分睡眠時間が短い、という調査結果[*26]もあります。

寝る前2時間くらいは、画面を見せないようにして光の刺激を入れないようにしましょう。代わりにトントンしてあげるとか身体をなでてあげたりすることで、安心して眠りにつくこともあります。（50ページ参照）

また、昼間の運動は足りていますか。昼間に十分身体を動かして疲れていると、すんなりと寝てくれるものです。

幼稚園に入園すると、早起きが必要になります。今のうちから、朝、少しずつ早く起こすようにしてはどうでしょう。「早寝早起き」、まずは「早起き」から始めましょう。

睡眠リズムを作るには

起きたらすぐにカーテンを開けて、朝の光を取り入れましょう。朝から外にお散歩に行くのもいいですね。雨で暗いなら朝から電気をつけて明るくしてください。「朝、光を浴びる」ことで、メラトニンの分泌が抑制されて目が覚め、睡眠リズムが作られます。

幼稚園、小学校と進むにつれて、朝起きて幼稚園や学校に行き、活動して夜は疲れて寝る、という生活が身についてきます。しかしそれでも、もしかしたら、ママが部屋から出ていった後で、1人でこっそり本を読んだりしているかもしれません。人間にとって睡眠はとても重要ですが、その長さや深さというのは、実は個人差がありま す。娘さんが毎朝起きて、問題なく活動できていれば、どうかそのまま見守ってあげてください。早く寝なきゃ、という気持ちがストレスになる場合もあります。

寝ないことを責めると……

今はもう大学生になったＡＳＤ特性のある青年が言っていました。

「保育園ではお昼寝の時間が何より苦痛だった。みんなで同じ時間に寝なければいけない。僕は全然寝たくなかったし、その時間お絵かきをしていたかったのに、寝たふりをしなきゃいけなかった。小学校に入ると夜中寝られないとこっそり本やマンガを読んでたんだけど、親に見つかるとすごく怒られた。中学校では夜中までゲームをしていて、やっぱり親に怒られた。僕は、睡眠時間が短くても大丈夫なタイプだったんだけど、親はよほど僕に早く寝て欲しかったんだろうと思う。僕自身も、みんなが寝ている時間に起きていることに罪悪感があった。でも眠れなかったんだからしかたがない。『早く寝ないと学校に行けなくなるでしょっ！』親にそう言われ続けて、『学校に行かないなら早く寝る必要がない』と思った僕は、入学した高校に通うのをやめた。僕は眠れないということより、眠れないことで親が怒ったり悲しんだりすることの方がずっとつらかった」

その後この青年は、高卒認定試験を受けて合格。建築家になるために大学に通っています。このようにお子さん自身が眠れないことに罪の意識を感じてしまうようなことのないよう、上手にサポートしていきたいものです。

生活に支障がある場合はサプリメントも

もし、昼夜逆転など、日常生活に差し障るほど眠りの問題がひどい場合は、薬物を使った解決法もあります。「メラトベル」は睡眠ホルモン「メラトニン」と同じ構造をもつ薬で、眠気を促したり、睡眠のリズムを整える作用があります。アメリカでは薬局のサプリメントコーナーで普通に売られています。

日本でも2020年に、発達障害のある6～15歳の小児を対象に保険診療での処方が認められました。依存性が少ないとされている薬ですので、関心のある方は医師に相談してみてください。

キーポイント

- 発達障害児の場合、ASDでは50～80%、ADHDでは25～50%の子どもに、睡眠の問題があるという研究結果が。(定型発達児は25%程度)
- 寝る前2時間はビデオなどの画面を見せない。朝日を浴びて早起きの習慣を。
- 寝ないことを責めない。睡眠サプリメントも利用してみては。

COLUMN ナルコレプシーとADHD

ナルコレプシー、別名・居眠り病という睡眠障害があります。時間や場所を問わず、突然強い眠気に襲われて寝てしまう、いわゆる過眠症の1つです。発達障害の人の多くが過眠や昼夜逆転など睡眠に問題を抱えていることは以前から知られていましたが、その原因についてはこれまでわかっていませんでした。一方、ナルコレプシーについては、その遺伝的な背景がある程度は解明されています。

そこで、ナルコレプシーの遺伝的ななりやすさの指標を作り、ADHD行動の強さとの関係をみる研究結果[*27]が最近発表されました。

それによると、ナルコレプシーの遺伝的ななりやすさの数値が高いほど、多動・衝動性症状、不注意症状の点数が高くなる傾向にあるとわかりました。

つまり、ADHD症状を持つ人が日中に強い眠気を感じるのは、夜更かしをしたといった生活リズムの乱れだけが原因なのではなく、遺伝子に由来する可能性がある、というわけです。

もちろん、ナルコレプシーの遺伝子を持っているからといって、全ての人がADHDやナルコレプシーになるわけではありません。ただ、ADHDで睡眠に問題があるお子さんをサポートする際に、そういった可能性を念頭に置いておくと、家族の習慣を見直すなどの治療のヒントが見つかるかもしれません。

Q11

数字がわからず、同じことを繰り返し言い、思いどおりにならないと大泣き。診断を得るべき？

家族状況

さーあー（相談したい子の母、30代後半）／夫（40代前半）／長男／次男（相談したい子、3歳）

ご相談

次男はもうすぐ4歳になりますが、数字の感覚がなく、1つか2つかなどの数字が分からないようです。全部ではないですが、いまだに食事や着脱は手伝ってほしがります。また、排泄《はいせつ》もトイレでの排便を嫌がります。給食では好みが激しく、気に入らないと全く食べない時も。おしゃべり好きで、園でも先生や他の子に長々ととりとめのない、「ごはんつくるからねー」とか「気をつけて帰ってね」を繰り返し話しかけます。他の人が会話していても、割って入って話しかけます。そして、オモチャが思い通りに遊べない、オモチャが使いこなせない場合や自分の思い通りにならないとき、怒って、「僕は怒った！　もう○○しない！」と頻繁にふてくされ、機嫌が悪いとそのまま大泣きに発展することもしばしばです。ただ、しばらく抱いていたり背中をさすっていたり、１人になることで、落ち着くことができます。

長男は、４歳頃に保育園で指摘をうけ、小学校入学前にＡＳＤの診断を受けました。次男も同様に上記のような細々としたこだわりの気質を持ちつつも、長男とは環境もこだわり方も違うこともあり、園や健診での指摘もなく、病院で受診したものの、未診断状態です。園では怒ることはありつつも、友達と毎日揉《も》めるでもなく、さほど困っていないように見受けるため、このまま過ごして良いのか早期療育の為に診断を得るべきか、今は悩んでいます。

A
専門家の
回答

5歳までに自制心を育てることで、その後の人生が決まります。

「数」の理解には2つある

早く数を数えられるようになってほしい、という親の願い、よくわかります。「数」の理解については、大きく分けて2つの種類があります。1つは「イーチ、ニイ、サーン、シイ、ゴー……」と数を歌うように唱える「数唱」。お風呂で「10まで数えたら出ようね」などと言って数えたりします。3歳くらいまでに10まで数えられる、というのが一応の発達の目安です。

ただ、10まで言えても、この場合、数字の意味を理解せず覚えて唱えているだけという場合もあります。そこで、「りんごは何個あるの？」「3個ある」と「数える」ことを「計数」と言います。では、いつ頃計数ができるようになるのか。これは個人差がありますが、4〜4・4歳がおおよその基準です。息子さんの場合は、計数ができないということだとすると、とりあえず今の段階ではそれほど気にしなくて大丈夫でしょう。

発達には個人差がある

発達はお子さんによって個人差があるので、なかなかできないな……と思っていても、ある日突然できるようになり急に伸びていく、ということも少なくありません。どうかまだ、心配しすぎませんように。

また、食事やお着替えで、さーあーさんの手を借りたがるのも、甘えてるんだな、ということでよしとしましょう。排便については、発達に特性のあるお子さんでは問題が出ることはよくあります。4歳5歳となり、社会性が育ってくると、自分だけトイレでできないのは恥ずかしい、となると思います。

日々の生活の中で練習していく

給食の好ききらいは、程度にもよりますが全く何も食べられないということではないようなので、きらいなものは無理に食べさせなくてよいと思います。体重が順調に増えていれば問題ありません。

また、おしゃべりが好き、というのは、人とのかかわりに積極的ということなので、大事にしてあげたいところです。ただ、お友達の話に割って入って一方的に話す、というのはちょっと考えものです。「今お友達が話しているから、終わるのを待ってから話そうか」と教えてあげてください。それがよくないことで、お友達がいやだなと思っていることがわかっていないと思うので。「待ったほうがお友達もうれしいよ」と伝えましょう。

泣けばなんとかなる、という誤学習

そして、気に入らないことがあると怒ってふてくされてしまう、大泣きすることもある、というのも、お子さんが2歳ならしかたないですが、3歳だともうそろそろなくしていきたいですね。そこで、さーあーさんには、息子さんが自分の思い通りにならなくて大泣きしているときに、機嫌をとったり優しくなだめたりということをしないでいただきたいのです。泣けば問題が解決できる、というまちがった学習をして欲しくないからです。

「僕は怒った！　もう◯◯しない！」と言うのはいいのですが、その後泣かずに気持ちを切り替えられるようにサポートしてあげてください。

「そうか、イヤだったんだね。でも遊ぶ時間が少なくなっちゃうのも残念だね」と、大泣きしようが当たり散らそうが、子どもの嫌がる気持ちを受け止めて、冷静な対応で状況を説明して泣き止むまでそばで待っていてあげるのもよいでしょう。「叱る」というよりも、「そんなことをすると、ママは悲しいな」ということを伝えましょう。このような対応は保育園の先生にもお願いしておくといいですね。

5歳までに抑制力を

2000年にノーベル経済学賞を受賞したジェームズ・ヘックマン教授は、5歳までの教育がその子のその後の人生を大きく左右する、ということを立証して話題になりました。[*28] 脳科学の分野でも、脳が大きく発達する幼児期にさまざまな能力を高めておくことで、その後の年収や社会的地位、健康状態にも影響するという研究がこの10年、数多く報告されています。[*29,30]
特に5歳までに自己制御能力（=自制心）をつけておくことが大事です。さーあーさんもここで息子さんのわがままを通していては、その後の息子さんの長い人生のためにならない、ということを忘れないでください。

ただし、なんでもがまんを強いるのはもちろんよくないですし、幼児期の行き過ぎた自己抑制は、思春期以降、暴力や不登校などの形で現れることがあります。

自制心を教えるのは簡単なことではありませんが、「少しでもできたらほめる」ということを常に意識しましょう。偶然できたことでも、そのときにすかさず「今、よくがまんできたね！　えらかったね！」とほめることで、「今のでいいのか」ということをお子さんは学ぶことができます。

よく観察して、ちょっとしたことでもできたら大げさにほめる。スモールステップで根気よく育てましょう。

きょうだいで発達障害の確率は10倍以上

さて、最後に、お兄ちゃんがＡＳＤと診断され、下のお子さんも診断を受けたほうがよいのでは、というご相談について。

確かに、きょうだいの1人がＡＳＤの場合、別のきょうだいが発達障害である確率はそうでない場合に比べて10～20倍高いことが報告[*31,32]されています。発達障害の診断基準を満たさない場合でも、ＡＳＤ特性を持っているということはよくあります。

ＡＳＤ（Autism Spectrum Disorder）＝自閉スペクトラム症の「スペクトラム」というのは連続体という意味です。つまり、ここまでが自閉症でここからはそうではない、といったはっきりした線引きができないのです。その特性のせいで日常生活に支障があり生きづらさがある場合には「障害」と診断されますが、そのような特性があっても日常生活がそれなりにおくれるのであれば、それは自閉スペクトラムという特性（＝性質）があるだけで「障害」ではない、ということになります。

「特性」を「障害」にしないように

もしかすると弟さんの場合は、特性にとどまって「障害」とはなっていないのかもしれません。お友達とのトラブルも特にないようですし。これまでにお伝えしたようなことを毎日の生活の中で実行していただき、よいところは伸ばして、いけないことは、よくないよ、と教えて、少しでもできたらほめる。これを繰り返してください。受診は、保育園の先生などから勧められたらでいいのではないでしょうか。お兄ちゃんのこともあり、毎日大変だろうとは思いますが、どうかできるだけ怒らず、弟さんの良いところを見て伸ばしてあげてください。そしてさーあーさんや周囲の方のサポートで、弟さんが「特性」を持ちながらも、集団生活の中でうまく折り合いをつける方法を身につけられるとよいな、と願っています。

キーポイント

- 数の理解には、数を唱えるだけの「数唱」と、数を数える「計数」の2種類。数唱は3歳くらいまでに1から10まで数えられるというのが発達の目安。
- 泣けば問題が解決できる、という誤学習をさせない。子どもの嫌がる気持ちを受け止めて、冷静な対応で説明を。
- 5歳までの教育がその子のその後の人生を大きく左右する。5歳までに自己制御能力（＝自制心）を身につける。
- きょうだいの1人がASDの場合、別のきょうだいが発達障害である確率は、そうでない場合に比べて10～20倍高い。

COLUMN 暗算で鍛えられる前頭前野

計数、つまり数が数えられるようになったら、是非取り組んでいただきたいのが「暗算」です。暗算は一切の道具を使わないで、頭だけで行う計算です。大人も子どもも、暗算をするときは脳の前頭葉にある前頭前野を使うことがわかっています。

前頭前野は、考えて判断し行動するという高度な働きを司《つかさど》っている、脳の中でもとても重要なところです。つまり、**暗算をすることで前頭前野が鍛えられる**というわけです。

さらに、近年の研究[*33]で、大人と子どもでは、計算をするときに使う脳のシステムが異なることがわかってきました。

大人は暗算するとき、海馬という長期記憶を司る部位を働かせてこれまでに培った記憶をもとにすばやく答えを出します。

一方子どもは暗算がまだうまくできず、時間がかかります。そして答えを前頭前野のワーキングメモリー（短期記憶）に保存しますが、10分も経てば忘れてしまいます。また、指を折り曲げながら計算したり、頭を上下に動かしながら計算したり、といったカウンティング行動が見られます。**身体を動かすときには前頭葉の運動領域から指令が出るので、前頭前野を中心に複数の領域を働かせています。**

このように最初は身体を使いながら暗算を繰り返していくことで神経細胞がつながっていきます。そして海馬がうまく働くようになることで大人のように長期記憶が可能になり、暗算が速くできるようになります。**慣れてくるとカウンティング行動もしなくなります。**

このように、暗算は脳のさまざまな部分を使う、手軽な育脳トレーニングの1つなのです。

Q12

9歳の息子の登校しぶりで親子関係が悪くなりました。親としてしてあげられることは？

家族状況

ぽんちゃん（相談したい子の母、40代後半）／夫（40代後半）／長男／次男（相談したい子、9歳）

ご相談

保育園の頃から行きしぶりが激しかったのですが、定型発達だと思っていました。小学2年生頃から登校しぶりが始まり、発達障害が判明。通級※に通い始めるも、合わずに無理やり通わせる事になり、結局親子関係も悪くなりやめました。現在は市の不登校生徒の居場所を利用しつつ、在籍校にも少し通っています（私が送迎する事が多い）。

思い通りにならないと、（ゲームの時間切れになった時や、その事を指摘された時）とにかく物に当たり散らす事があり、今まで沢山のものを壊されてきています。テレビ、ふすま、固定電話、携帯電話などなど。

感情のコントロールが出来るようにサポートするには、母親として何をしてあげられるでしょうか？

また、今後の進路は、固定級の支援クラス※が良いのでは？　と親は思っていますが、本人は親が勝手に決めた事には絶対に従わないっ！　というタイプで、支援クラスの見学も行ってくれません。

※「通級」＝「通級指導教室」のこと。通常学級に在籍する児童・生徒が、特性に応じた特別な指導を受けるために週何時間か通う教室。在籍校にない場合は、近隣の通級指導教室のある学校に週何度か通う。

※「固定級の支援クラス」＝通常の小・中学校内に設置されている、障害のある児童・生徒のための特別支援学級。

A

専門家の回答

当たり散らしは息子さんからのシグナルです。まずは親子関係を修復しましょう。

「助けて！」のシグナル

文章からは、息子さんがどのような発達障害なのかまではわかりません。が、気分の急激な変化や破壊的な行動といったところから、ＡＤＨＤの多動・衝動性の特性が強いのかなと思います。

ぽんちゃんさんは「定型発達」だと思っていた、ということで、もしかするとまだ息子さんの発達障害について、理解が追いついていないのかもしれません。学校に通う、親の言うことを聞く、そんなあたりまえのことがどうしてできないのか、どうして物を壊すのか、もどかしく感じてお困りの様子がうかがえます。発達障害は、見た目だけではわかりづらい障害です。ぽんちゃんさんのとまどいもよくわかりますが、息子さんは自分１人で、もっと困難を抱えてもがき苦しんでいます。ご相談の文章からは息子さんの「助けて！」という叫び声が聞こえてくるようです。

９歳といえば、まだ「お母さん大好き」と言っていてもおかしくない年齢です。それが、テレビや電話を壊すほどに爆発するというのは、よほど我慢して溜《た》め込んでいることがあるのでしょう。物を壊したくて壊す子どもはいません。

子どもの嫌がることをすると……

そして親の決めたことには従わない「タイプ」とおっしゃっていますが、それは「タイプ」というよりこれまでの親子関係の結果なのではないでしょうか（厳しい言い方をしてすみません）。息子さんに話をするときに少しイライラしていたり、最初からあきらめモードだったり、「なんでできないのっ」とぽんちゃんさんの疑問をそのままぶつけたりしていませんか？　また、息子さんがいやがることを無理やりやらせるのは、親への信頼を失わせることにつながります。

何に困っているのか？

それでも、ぽんちゃんさんが「母親として何をしてあげられるでしょうか？」とご相談くださったことに大きな希望を感じます。「子どものために何かできることがあれば、なんでもする」。ほとんどの親はそう思っているでしょう。子どものために、発達相談に行き、息子さんに合う教育機関を探し、通わせているのだと思います。

しかし、そもそもどうして息子さんは学校に行きたくないのでしょうか。ぽんちゃんさんに話してくれたことはありますか。担任の先生に、息子さんの学校での様子について聞いてみましたか。

息子さんが感情のコントロールができるようにサポートしたい、とおっしゃるのなら、まずは、息子さんが何に困っているのかを知るためのアプローチをしましょう。そして、その姿をあるがままに受け入れてください。暴れようが悪態をつこうが。

味方であり続けること

息子さんは、承認欲求、つまり、認めてほしいという思いが強いように感じます。息子さんの言うこと、やることを否定せず、話をじっくり聞いてあげてください。学校に行きたくないのなら、「がまんして行かなくていいよ」と言ってあげてはどうでしょう。ぽんちゃんさんは、息子さんが学校に行かなくても、「お母さんはいつもあなたの味方だよ、あなたを傷つけるようなことは絶対にしないよ」とサポートの姿勢を貫いてください。

もちろん、義務教育ですから、親は子どもを学校に通わせる義務があります。しかし、息子さんの現在の状況は、それ以前の問題です。

息子さんの心は疲れ切っています。まずは息子さんが自らやりたいと思うこと、好きなことをさせてみてはどうでしょう。

子どもの好きなことを

息子さんがゲーム好きなら、ぽんちゃんさんも一緒にやってみるのも手です。忙しいのにゲームだなんて、と思われるでしょうが、これも息子さんのためです。恐竜好きなら一緒に恐竜の名前を覚えてみましょう。自分が面白いと思ってやっていることを、お母さんが認めてくれた、ということはお子さんにとってうれしいものです。もしかすると親子関係修復の突破口になるかもしれません。

息子さんはこれまで自分のことを学校でも家でも認めてもらえず、辛《つら》い思いをしてきたのだろうと思います。学校でも自分を理解されずに否定されることが多く、家でも好きなことをさせてもらえず、誰にも認めてもらえず、物に当たるしかなかったのではないでしょうか。

まずは息子さんが自分で決めたことを実行するのを最優先して、ぽんちゃんさんはそれを見守ってあげましょう。どうしてもやらないといけないことがある場合は、いきなりやめさせるのではなく、例えば「おやつを用意しておくからね」と熱中していることをやめても楽しいことを用意しておく。そうやって、切り替えの苦手な息子さんがスムーズに次のことができるように工夫してみてください。

まずは親子関係の修復が大事

そして、できないことばかりではなく、息子さんの良いところを見つけて、ほめてあげてください。例えば朝起きるのが遅くなっても、起きただけでえらいね、と見方を少し変えましょう。

息子さんは今の状況を「嫌だ」という意思表示をしっかりしています。強い気持ちと行動力があるお子さんだと思います。それを認めて、受けとめてあげてください。大変だとは思いますが、ぽんちゃんさんが息子さんのいちばんの理解者でありサポーターであることをわかってもらう必要があります。思春期突入前のこの時期だからこそ、親子関係の修復が何より大事です。学校選びはその次のステップでいいと思います。

環境がよくなれば、障害とならない

発達障害は、周囲がその特性を理解して、その子に応じた対応をとることで、障害とならずに「特性」を持った子として、学校でもそれなりにうまくやっていけるのです。逆に、その「特性」を周囲が理解せず「他の子ができることがなんでできないの！」という態度で接してしまうと、「特性」つまり「個性」の枠にはおさまりきれずに「障害」となって学校や社会でトラブルを引き起こしてしまうこともあります。

ぽんちゃんさん、息子さんの発達障害を理解し、困難を抱えて悲鳴をあげている息子さんに、どうか寄り添ってあげてください。

自治体の支援事業を活用

お子さんとの関わり方については、発達障害の有無にかかわらず参加できる「ペアレント・プログラム」や、発達障害の特性を踏まえた対応を学べる「ペアレント・トレーニング」といった支援事業を行っている自治体もあります。発達支援センターなどで聞いてみるのもいいでしょう。

キーポイント

・まずは、子どもが何に困っているのか、話を聞く。それを否定せずに受け入れる。
・子どもの嫌がることを無理やりやらせるのは、親への信頼を失わせる。
・基本は子どもが自分で決めたことを実行するのが最優先。どうしてもやらなくてはいけないことがあれば、おやつを用意するなど、熱中していることをやめても楽しいことが待っている、などの工夫を。
・環境がその子に合えば「特性」。合わずにトラブルを起こしてしまうなら「障害」。

Q 13

11歳の長男は先延ばしがひどく、癇癪をおこします。反抗期でしょうか?

家族状況

きっち(相談したい子の母、40代前半)/夫(40代前半)/長男(相談したい子、11歳)/次男/祖母

ご相談

最近、先延ばしがひどいです。宿題などやらなくてはいけない事があっても「あとで」とか「□時になったらやる」と先延ばしをします。それでやるのならいいのですが、その時間になったので声がけすると「やっぱり△時から」と更に先延ばしをしま

す。最後には夜遅い時間になってしまい眠たすぎて「宿題できてない！　時間ないから今からムリ！　お母さんやって！」と癇癪《かんしゃく》をおこします。だからといって、こまめに声がけをしたり、ゲームやテレビを取り上げてもパニックになります。放っておくと「母ちゃんが言うてくれへんかったからや！　何とかしろ！」とまたパニック。

9歳の時に発達検査は受けていますが、診断名はついていません。ですが、「先を見通す力は弱い傾向にある」と言われました。宿題だけでなく、自分のやりたい事ですら先延ばしをして「時間なくなった！　時間戻して！」と癇癪を起こします。年齢的に反抗期とかなのでしょうか？

A

専門家の回答

中学入学前に自分のことは自分でやらせる習慣を。

八つ当たりは依存のシグナル

「時間戻して！」「お母さんやって！」と言われても、こちらはそうならないように声がけしているのですから「そんなこと言われても……」「だから言ったじゃないの」という感じですよね。きっちさんのぼやき声が聞こえてくるようです。

このような癇癪は、息子さんがきっちさんに依存しているというシグナル。11歳という年齢を考えると、中学入学前に、「自分のことは自分で責任を持ってやる」ことを是非身につけさせたいところです。

子どもが困らないように手助けしたい親

自分の子どもはかわいいですし、学校で先生に怒られたり、困ったりしないように、なるべく親が助けてあげたい、そのような気持ちは多くの親御さんが持っているものだと思います。

ただ、いつまでもそうやって親が子どもを助けられるわけでもなく、いずれは親元を離れていくことを思うと、その時に困らないよう、自分のことは自分でできるように自立させないといけません。

お母さんのせいだから、お母さんやって、というのも小学校3年生くらいまでならわかりますが、高学年になっても言うというのは、これまで最終的にきっちさんがかなり手伝ってなんとかしてきたからではないでしょうか。

親の仕事は子どもを自立させること

少し耳が痛い話かもしれませんが、息子さんの癇癪にきっちさんが負けてしまっていたのではないかと思います。宿題ができていないと子どもが怒られてしまう、先生に怒られて困っている子どもはかわいそうだ、そんな気持ちで手伝われていたのかもしれません。

でも、息子さんの人生でずっと親がそばにいて助けてあげることなどできないのです。どうか息子さんが自分の責任で宿題ができずに、困って怒られる機会を奪わないようにしてください。自分のことは自分でやる習慣がつけられずに、50歳になってもお母さんのせいだ、と家から出られないなんてことのないように。

息子さんの場合「宿題はやらないといけない」と理解していることは救いです。その前向きな気持ちをぜひ後押ししてあげましょう。

ＡＤＨＤの特性はあると考えたほうがよい

さて、ではどうすればいいのか。息子さんは9歳の時に診断はつかなかったものの「先を見通す力は弱い傾向にある」と言われたとのこと。作業や宿題をすぐに始められない、興奮しやすい、１つの作業から他の作業へ切り替えられない、嫌なことを避ける、といった息子さんの行動から、ＡＳＤやＡＤＨＤの診断はつかないまでも、その特性はあるように思います。

少し息子さんに関係のありそうなＡＤＨＤの特性についてお話しすると、１つには、「感情が爆発しやすい傾向」というのがあります。それによって、先生との関係がうまくいかなくなったり、不登校になる場合もあります。

息子さんの場合は、お家で、遠慮しなくても受け止めてくれるきっちさんに感情を爆発させてしまうのかもしれません。自分の感情を出すところを、学校ではなく、甘えられるきっちさんだ、とわかっているというのは「うちの子、なかなかかしこいな」と考えていいと思います。

言葉のかけ方に要注意

もう1つ、ADHDの特性としては、何かへの過集中、のめり込みがあります。お子さんではインターネットやゲーム、大人ではそれに加えてアルコールや薬物、ギャンブル、買い物などへの依存が問題となるケースが見られます。

息子さんの場合、ゲームとかテレビにのめり込むあまり宿題の時間がなくなっているのでしょう。子どものADHDでは、親の対応によってその子の行動が変化することが知られているので、言葉のかけ方に注意が必要です。

単に「いつまでもゲームばかりやって」という否定的な声かけはできるだけ避けましょう。「何時だったら宿題を始められそう?」とポジティブに聞きましょう。

キレられても冷静に対応

息子さんの場合、「□時になったらやめる」と、やめる時間は本人が決めているわけです。「わかった。□時ね。時間を守れないなら、ゲームを取り上げるからね。その代わり宿題が終わったらまたゲームを必ず返すから」ときちんと説明してください。

それが民主的なやり方です。紙に書かせて見えるところに貼っておいてもいいでしょう。そして時間になってもゲームをやめられないようなら、有無を言わさずゲームを取り上げてください。

癇癪を起こしてキレるかもしれません。でも親は、あらかじめ説明した通りのことをしたまでです。「あなたがこの時間になったらやめて宿題するって言ったんだよね。お母さんじゃないよね」と冷静に話してください。キレてる言葉に一つ一つ反応していると、余計に息子さんは興奮して火に油を注いでしまいます。仏像のように無心・無表情になって冷静に対処してください。

タイムアウト法で落ち着かせる

このような状態になったら、まずは息子さんをクールダウンさせる必要があります。「さあ、ちょっと落ち着いて自分で気持ちを切り替えようか」といったん誰もいない別室に移動させます。もちろんゲームは、まだ宿題が終わってないので渡しません。10分後、部屋に行き「落ち着いたかな」と声がけをします。

このように子どもの問題行動をやめさせるために、一時的に別の部屋に行かせたり、環境を変えて落ち着かせる方法を「タイムアウト法」といいます。バレーボールなどの試合中、流れを変えるためにとる「タイムアウト」が語源です。

この場合の別室は、昔の「おしいれ」のように暗くて恐ろしい場所であってはいけません。罰ではなく気持ちを落ち着かせるための部屋なので、刺激のあるものがないところが理想です。嫌がらなければトイレでもいいでしょう。場所がない場合は「クールダウン用のイス」を用意しておき、それを差し出してもいいです。

子どもが別室に行きたがらない場合は、親がその場を離れます。とにかく、「あなたの問題なのだから、自分で気持ちを切り替えてどうすればいいのか考えて」ときっぱりとした姿勢を貫いてください。

息子さんの剣幕に押されてゲームを返すのは絶対にやめてください。キレると思い通りになるという「誤学習」をさせてはいけません。

できたら大げさにほめる

そして宿題を始めたら、手伝うのではなく見守ってください。手も口も出さずに見守るだけ、というのは苦痛だと思いますが、終わるまでは目を離さないほうがいいでしょう。「監視する」という意味だけでなく「応援しているよ」という姿勢が大事です。間違っていても口を出さない。そして終わったら、「よくできたね。あなたががんばったからできたんだよ」と大げさなくらいしつこく言ってください。自分でできたらほめる、これが非常に大切です。家族と共有してもいいですね。例えばお父さんに「今日は自分でゲームをやめて、宿題を始めたんだよ、すごいでしょ。お母さんうれしかったな」など、わざと息子さんに聞こえるようにほめます。

思春期の親の接し方でその後の人生が決まる

11歳といえば、思春期の入り口。自立したいけどまだ親にも甘えたい。そんな気持ちが、「母ちゃんが言うてくれへんかったからや！　何とかしろ！」という言葉になってしまうのでしょう。

この時期がとても大事です。発達特性はありながらもそれなりに周囲とうまくやっていける子になるか、はたまた、不登校やひきこもり、暴力といった行動が現れてくるのか、親の接し方次第と言ってもいいかもしれません。

息子さんも宿題はやらないといけないとわかっているのです。それができない自分にもどかしさを感じて、親にあたっているのです。大変だとは思いますが、「それはお母さんのやることではなく、あなたがやるべきことでしょ」と淡々と突き放して言うことが、長い目で見れば、息子さんの自立への第一歩となるのです。

キーポイント

・八つ当たりや癇癪は依存のシグナル。中学入学前に、「自分のことは自分で責任を持ってやる」を身につけさせる。
・「感情が爆発しやすい傾向」はＡＤＨＤ特性の１つ。
・「いつまでもゲームばかりやって」という否定的な声かけではなく、「何時だったら宿題を始められそう？」というポジティブな声かけを。
・やめる時間を本人が決めたら、それを守らせる。前もって守れないとどうなるかをきちんと説明する。
・癇癪を起こした子どもを落ち着かせるためには「タイムアウト法」を行う。
・できたら大げさなぐらいにほめる。

COLUMN 「キレる」のはセロトニン不足も一因

イライラや「キレる」行動（さらには、うつなどの気分の落ち込み）には、脳内から分泌される「セロトニン」という物質の不足も関係しています。セロトニンには、感情を安定化させる作用があると考えられていますが、子どもはまだこのセロトニンの分泌が少ないため、思い通りにならないとすぐに「キレる」という行動に出がちなのです。

セロトニンの分泌をうながすには、日光に当たる、リズミカルな運動を行うといったことが効果的です。特に運動は、習慣的に行うことで、**認知機能も向上する**ことがわかっているのでおすすめです。さらに、セロトニンが作られる必須アミノ酸のトリプトファンを多く含む**大豆食品**を摂取するのも有効です。日頃から気をつけておくとよいでしょう。

また、セロトニンは、感情（情動）に関わる神経伝達物質であるドーパミン（ポジティブな気持ちや食に関与する）の代謝にも関係しているので、ドーパミンが行動抑制に問題を与えて、衝動的に怒ってしまうなどのＡＤＨＤ特性が現れやすくなります。

つまり、**キレるのは、ドーパミンの働きと、それを受け取って情報を処理する脳領域（前頭葉―頭頂葉）の働きの異常も原因である**ことがわかってきたというわけです。[*34]

Q14

６歳の息子。感覚過敏、失敗を嫌がる、一人遊びなど、自閉の傾向があるのでは？

家族状況

コンコン（相談したい子の母）／夫／長男（相談したい子、６歳）／長女／次女

ご相談

４歳まで汚れることを極端に嫌い、保育園で糊《のり》を指で塗ることを拒否。ボディペインティングも不参加、手足の型をとることも嫌がりました（５歳でできるようになりました）。食事中も手が汚れるのが嫌すぎて、手羽先など手を使って食べるものは食べません。

失敗することを極端に嫌がるため、オムツを外すことを拒否。2歳のときに一度パンツで盛大に漏らして以来絶対にパンツをはかず、ようやくオムツを外すと本人が決めたのが4歳8ヶ月でした。いまでも「失敗するのでは」「上手にできないのでは」と思うと、「○○くん（長男の名前）それは得意じゃない」と言ってチャレンジする前に避けようとします。

真夏の猛暑日でも半ズボンは絶対にはかず、1年を通して長ズボンをはいています。

自分の世界があり、友達と遊んでいても、友達の遊びに興味がないと1人で遊び始めます。保育園のクラス数十人で公園に行っても、友達と2人で公園で遊んでいても一人遊びを始めることがあります。保育園で指摘を受けたことはなく、健診などもクリアしていますが、調べれば調べるほど自閉の傾向があるのでは？　と思ってしまいます。

A

専門家の回答

傾向があっても、困っていなければ問題なし。

本人や周りが困っているかどうかが大事

感覚過敏は、ＡＳＤ（自閉スペクトラム症）の１つの特徴ではありますが、感覚過敏があるからといってＡＳＤというわけではありません。

息子さんの場合、確かに感覚の過敏さはあるように思います。グチャグチャしたのがきらいなのに盛大にお漏らししてしまうと、その嫌な感覚は強く焼きついて、恐怖感でオムツを外すのに慎重になるのもわかります。が、その後４歳でオムツも取れ、遅いけれども必要なことは完了しています。

対人関係についても、友達とも遊べているようですし、１人で遊ぶことがあってもそれが問題ということではありません。自分の世界があるのは悪いことではないでしょう。「どうして一緒に遊ばないの？　遊びなさいよ」などの声かけも不要です。

コンコンさんは、自閉傾向があるのでは？　と気にされていますが、とりあえず今の段階では特に健診で何か言われたり、保育園で指摘を受けたりということもないようなので、心配の必要はないと思います。健診や保育園で多くの子どもを診ている先生たちは、いわば子どもを見立てる「プロ」です。様子のちがうところがあれば、指摘してくれるでしょう。もっとも、女の子たちと比べると男の子の発達はゆっくりに見えますし、幼いふうに思われるので、心配になるのもわかります。

親が子どもの特性を理解しておくこと

ただ、他の男のお子さんより慎重だったり、苦手なことがあったり、そういう特性はある子だなあとコンコンさんが理解しておくことが大切です。

というのも、例えば小学校では粘土を使うこともあるので、息子さんがその活動に参加するため、お手拭きを持たせるとか手を洗わせてもらえるように、あらかじめ先生に伝えたりすることができるからです。

また、長ズボンしかはかないとのことですが、小学校に入学し体育の授業でみんなが半ズボンという状況でも自分だけ長ズボンをはくでしょうか。周りとの兼ね合いよりも自分のこだわりを大事にするか。そこで周りや決まりごとに合わせられるかどうかも把握しておかれるといいと思います。

環境が変われば「障害」にならないことも

発達障害には、ここまでは障害ではなくここからは障害、とはっきりとした境界線があるわけではありません。

勉強はずば抜けてよくできるが、こだわりや対人関係に問題のあったＡＳＤのお子さんが、中学校は受験して勉強のよくできる、個性的な子たちが集まった学校に行くと、本人が大好きだった電車の話のできる仲間ができ、ＡＳＤの診断基準から外れ、通院しなくてもよくなった、なんて話もあります。盛り上がる会話ができる友達のおかげで、コミュニケーション能力が培われたのでしょう。

周りの環境に恵まれ、本人が困り感なく日々の生活を送れていれば問題はありません。

親がまずすべきこと

発達の問題で大きいのは、本人の行動が周囲に理解されずに怒られたりして、自己肯定感が持てなくなり、ますます問題行動をとってしまうことです。息子さんが１人で遊んでいても、お友達がそれを放っておいてくれる環境があれば何も心配ありません。そこにお友達が入ってきて、息子さんが癇癪を起こしてお友達を怪我させたりすると、それは問題になります。

そんな時に放っておいてくれそうなお友達が保育園にいるといいなと思います。これからの小学校、中学校選びにあたり、なるべく息子さんが受け入れられそうな環境を用意してあげられるといいですね。そのためにも、まずはコンコンさん自身が息子さんの個性を否定せず、人と違うところも丸ごと受け入れる。幼児期に無条件に親に受け入れられた経験があるかないかが、その後の人生に大きく関わってくるのです。

キーポイント

- 感覚過敏だからといってＡＳＤとは限らない。過敏に加えて、人とのコミュニケーションの問題、こだわり行動が、ＡＳＤの主な症状。
- 発達の問題は、周囲に理解されずにいじめられたりすると、自己肯定感が持てなくなり、ますます問題行動をとってしまう。個性を否定せず、丸ごと受け入れて。

COLUMN 愛着障害

馬や羊の赤ちゃんは生まれてすぐに立ち上がりますが、人間の赤ちゃんは、歩きだすまでに1年かかります。そんな赤ちゃんにとって、自分の世話をしてくれる養育者（ここでは「親」としておきます）はいなくてはならない存在です。赤ちゃんは親との間に愛着を形成し、親から守られているという安心感のもとで歩くことをはじめ、様々なことを学んでいきます。親は安全基地の役割を果たし、子どもはいつでも戻れる安全基地があるからこそ、他の人間関係を築いたり、学校などの集団生活に入っていけるのです。

この子どもの頃の親との間に育まれる愛着が、母親の産後うつや子どもへの虐待などでうまく形成されないと、子どもは対人関係や、ストレスをどう処理するかといったことで困難を感じてしまいます。これが「愛着障害」と呼ばれるもので、思春期になって、自傷他害行為、摂食障害、パニック障害など様々な問題を引き起こすことが知られています。

特に出産した女性の20％以上が発症する産後うつによって、乳幼児の言葉の発達の遅れが少なくとも3歳すぎまで続くという調査結果[*35]や、親がうつ病の場合、そうでない場合と比較して子どもが幼児期から小学校高学年にかけて、攻撃性を示す[*36,37]など、親の精神状態は子どもの人生にも大きく影響することが知られています。乳幼児期の親との関係は大切なのです。

親が難しい場合は、保育所や信頼できるベビーシッターに依頼するなどでもいいでしょう。

「3歳までは母親は子育てに専念すべき」という3歳児神話がありますが、母親自体に問題があり子育てどころではない場合は、保育所でいろんな刺激を受けながら育つ方がずっといいと思います。

子どもを甘えさせて安心させてくれる大人は、決して親でないといけない、というわけではないのです。

Q15

4歳の息子が回遊魚みたいに落ち着きがない。食事に1時間もかかり、数字は鏡文字。気を付けることは？

家族状況

ももせ（相談したい子の母、30代後半）／夫（40代前半）／息子（相談したい子、４歳）

ご相談

とにかく落ち着きがないんです。回遊魚のようにずっと動き回り、ジャンプしてほぼ毎日顔や足を怪我してしまいます。落ち着かせるために、学習塾にも通わせているのですが、宿題をやっているときもなにかオモチャを触ってしまいます。ごはんを食べるときも一口食べたら走り回り、食べ終わるのに1時間以上かかることもざら。好きなものについては図鑑を読んだり、ずっと何かしていることもあるのですが。

また、数字が鏡文字になってしまうのも気になります（6が反対になる）。まだ大丈夫な年齢だとは思うのですが、今から気を付けておいたほうがいいこと、できることがあれば教えていただければ幸いです。よろしくお願いします。

A

専門家の回答

安全に運動できる場所で、思う存分動けるように。

動きながらでもできたらＯＫとする

いろんなものに目移りして、落ち着かない。４歳くらいの、特に男の子に時々見られることだと思います。でも、動き回って怪我をするのはお母さんとしては心配になりますよね。

一般的に、子どもは3歳を過ぎると次第に落ち着いてきます。3歳を過ぎて、少しの間もじっとしていられない、お話が聞けない、遊びも長続きしないといった様子ですと、少し多動の傾向があるお子さんといえるかもしれません。

そんな息子さんにじっとしてほしくて、学習塾にも通わせているとのこと。4歳で1人でイスに座って宿題をするのはなかなかまだ大変なことだと思います。オモチャを触りながらだとしても、座って取り組むだけですごい！　と思いますよ。

じっとしているのが難しい、動きたいお子さんにとって「動くな！」というのは拷問のようなものです。動いていてもいいから、必要なことができるようにする。グニャグニャ身体をよじらせながら着替えてもいいし、多少足をバタバタさせても、迷惑でなければいい。姿勢がくずれていても、イスからずり落ちそうでも、座っていられればOKとしましょう。

指示は具体的に

また、車通りの多い道では必ず手をつなぎ、急に手を離して走り出さないこと、と言い聞かせ、少しでもできたら、「今手をつないで歩けてえらかったね」と何がえらかったのかわかるようにほめてください。

指示するときも、具体的な方がわかりやすいと思います。ちょこちょこと走り回っているようなら、「やめなさいっ！」ではなく、「あの電柱まで走ったら待っててね」とか、「そこを2周走ったら歩こうね」など、お子さんの動きたい欲求も認めながら、そのあとはこちらのやって欲しいことを具体的に示します。

脳を発達させるには

落ち着きのないお子さんの場合、「じっとしていなさい！」とか「走らないっ！」など怒られることが多いのではないか、と思います。怒られなれてくると、いくら怒っても言うことを聞かなくなります。そして、どうせ何をやっても怒られるんだ、と自己肯定感を下げてしまいます。

むしろ、やるべきことのハードルを下げ、少しでもできたらほめる、をくり返した方が脳の発達の面でもおすすめです。というのも、脳は怒られてもちっとも発達しないからです。ほめられることでいい気分になり、もっとやろうという気持ちになり、発達していくのです。

乳幼児期の育脳

脳の発達という点でいうと、実は乳幼児期のお子さんには、学習塾に行くよりも、もっともっと身体を動かして欲しいのです。運動はすればするほど、脳は発達します。手や足を動かすことで、どんどん脳内の神経細胞の回路ができ、つながりが強くなっていきます。乳幼児期こそ、この脳の土台作りがとても大切です。土台さえしっかり作っておけば、知識は後からいくらでも入れることができます。

この脳内のつながりですが、無理やりやらされても、ちっとも発達はしません。息子さんが学習塾に喜んで通われているのなら良いのですが、そうでなければ、むしろ、トランポリンや体操など、体を使った習い事をさせるのはどうでしょう。いくつか体験教室に行ってみて、息子さんが興味を持ちそうなことを試してみるとよいと思います。怒られないところで存分に身体を動かすことが育脳にもつながります。

ダラダラ食べはNG。お腹が空いていれば食べるはず

ところで、ごはんを食べるのに1時間、というのは時間がかかりすぎているように思います。お菓子を食べるなどして、お腹が空《す》いていないのではないでしょうか？食事に関しては、左手でお茶碗をもち、右手でおはし（やスプーン）を持つので、オモチャを触りながらというわけにはいきません。

なるべく、気が散りそうなものは視界に入れないようにします。そして、30分なら30分と決めて、「ここまで食べたんだ、えらかったね」と言って、残っていても下げてしまいましょう。

後でお腹が空いたと言っても、牛乳を飲ませる程度で、ごはんはあげないように。決まった時間に食べないと、後で困ることになる、ということを理解させるのも大事です。小学校の給食の時間は限られていますので。

なるべく好きなことを

好きな図鑑はずっと見ている、という集中力もある息子さん。数字や文字も、「もっ

と知りたい」と思えば、自分からすすんで覚えるようになるかもしれません。鏡文字も４歳ではまだ気にしなくて大丈夫でしょう。

よく動くお子さんも、だいたい小学校3、4年生くらいになると落ち着いてくることが多いです。大変だとは思いますが、今はまだ仕方がないと思って、なるべく押さえつけずに、息子さんの動きに上手に付き合ってみてください。

キーポイント

・多動の傾向のある子は、動きながらでも、それができたらＯＫとする。
・指示は具体的に。少しでもできたら何が良かったかを具体的にほめる。叱るよりもほめることで脳は発達する。
・運動すればするほど脳は発達する。
・食事の時間を決めて、それをすぎたら「ここまで食べたんだ、えらかったね」と言って、皿を下げる。

COLUMN 貧すれば鈍する。貧乏は脳を劣化させる

子育てにはなにかとお金がかかります。塾や習い事をさせるには、それなりの経済的余裕が必要です。アメリカの研究で、親の学歴、家庭の収入と子どもの脳の表面積の関係を調べたものがあります。1099人の3〜20歳の子ども、青少年を調べた大規模な研究[*38]です。それによると、

①親の教育期間（年）が長くなるほど、子どもの大脳皮質表面積と海馬の容量が大きくなった。

②家庭の年収が増えるほど、指数関数的に（つまり急激に）子どもの大脳皮質表面積が大きくなった。

ということがわかりました。家庭の年収が増えると、自然環境や教育環境のよいところに住むことができ、よいものを食べられます。健康で快適な生活ができるので、子どもの脳がよく働くようになるのでしょう。

また、貧困が脳に与える影響について調べた研究[*39]では、富裕層と比較して貧困層は認知機能テストの成績が大幅に低く、**貧困は認知能力を低下させる**ことがわかりました。認知機能が低いと、正しい判断を下すことが難しくなるなど日常生活のさまざまな面で大きな影響を及ぼす可能性があります。

もちろん、貧しい家で育っても親の関わり方や周囲の協力、本人の努力などで高い能力を獲得することはありますが、やはり、個人差が大きいのです。親の年収の低さが子どもの将来になるべく影響しないように、国レベルの制度ができてほしいと思います。

Q16
大人や気の強い子が苦手で、意思の疎通ができない、と先生に言われました。

家族状況

晋（相談したい子の母、40代前半）／長男（相談したい子、11歳）／長女

ご相談

4年生頃から先生と意思の疎通ができない、と言われ5年生になって担任の先生に相談したら病院に行くのも1つの手だ、と言われました。

息子は、大人や気の強い子との意思の疎通ができません。学校は嫌いではないので、不登校になったりはしていませんが、勉強や提出物の事に対する質問、学校からのプ

リントが足りなかったりした時に、先生に理由を話してもらってくる、という普通のことができません。

ですが、家では至って普通の子どもで障害がありそうな感じには見えません。大人が苦手なのは、4歳まで一緒に暮らしていた息子の父親に、差別的な扱いを受けていた（娘は可愛がっていたが、息子には激しく怒鳴りつけていた）せいもあるのかと思っていましたが、それだけではない気がして相談させていただきました。

A

専門家の回答

虐待によるトラウマで発達障害のような症状が出ることがよくあります。

話しかけるタイミングがつかめない

小学校3年生くらいまでは、先生も察してやってくれるので、そこまで主張が必要な場面も少なかったのだと思います。4年生になって、自己主張ができないと、「ちょっと内気な子」というだけでは説明できず、逆に目立ってしまう、ということはあるかと思います。例えば、学校でプリントが足りない場合に、大勢のクラスメイトの前で、どのタイミングで先生に言えばよいのかわからずにずっとモジモジしてしまうＡＳＤのお子さんもいます。もちろん、そういう子が全てＡＳＤである、ということでは決してありません。

虐待のトラウマで発達障害のようになることも

難しいのは、虐待によるトラウマのせいで、発達障害のような症状が出ることがよくある、ということです。愛知県での10年間の統計資料では、病院を受診した１１１０名の被虐待児のうち、発達障害と診断された児童は５９２名と、全体の53％を占めていた、という報告[*40]があります。

この報告では、発達障害の中でもＡＳＤと診断された児童３２３名では、その９割が知的にはなんら問題のない高機能群だったとのことです。学校の勉強は問題なくできるのに、コミュニケーションなど、部分的に生活上の困難がある、これが発達障害のわかりづらいところです。

5歳までの親子関係が人間関係のベース

虐待は、伸びざかりの子どもの脳を攻撃し、その子の後の人生をも左右します。

特に、人格を形成するのに重要な5歳までに、親など養育者との間で適切な愛着関係が持てないと、人とうまくコミュニケーションする能力が育っていきません。

子どもは親と一緒に笑ったり、手をつないだり、抱っこされたりといった経験をベースに、人とのコミュニケーションを学んでいくものです。そこで受け入れられた経験が十分でないと、自分に自信が持てず、大人への不信感なども生じてきます。

できるだけ早く専門機関に相談を

晋さんの息子さんの場合、別れた父親による虐待に近い養育のせいで、特に大人の男性や強いタイプの男の子の前だと萎縮してしまい、必要以上に緊張して話せなくなってしまったのか、それとも生まれつき発達障害なのか、またはただ内気なだけなのか、ご相談内容だけではわかりません。

しかし、いずれにしても学校での様子を毎日見ている担任の先生から指摘された、とのことなので、まずは学校での状況をすぐに把握できる、スクールカウンセラーにご相談されるのがいいと思います。あるいは地域の子ども発達支援センターなどでも相談に応じてくれるでしょう。

発達障害と診断され、かつ虐待などトラウマがあるお子さんの場合、トラウマのない発達障害のお子さんに比べて、非行に走る割合が高く、非行度合いも重症であるという報告*41もあります。早めに適切なサポートを受けることが大切です。

キーポイント

・虐待によるトラウマで発達障害のような症状になることがよくある。
・5歳までの親子関係が人間関係のベースになる。

Q17 3歳でASDと診断。読み書きはできますが、言葉があまり出ません。

家族状況

ゆらゆう（相談したい子の母、40代前半）／夫（30代後半）／長女／長男（相談したい子、7歳）

ご相談

3歳の時に療育センターにて、ASDと診断。その後療育を開始するも、現在も言葉があまり出ません。

ASDと診断されてから、改善の為、いろいろ調べ療育などもしているのですが、なかなか言葉が出てきません。こちらの指示は通るし、小学校2年生ですが、読み書き計算などはできます。文章問題や、道徳などの人の気持ちを考える勉強などは、難しいです。最近色々調べていると、斜頭症だと稀《まれ》に発達障害が起きるという記事を見ました。息子は生まれた時から、右を向く癖《くせ》があり、かなり右が凹んでいます。おそらく軽度というより、重度だと思います。7歳で斜頭症を治す方法など調べるのですが、やはり赤ちゃんの治療法しかなく、どうすべきか悩んでいます。もし、息子の発達が斜頭症によるものなら、なんとかしてやりたいと思い連絡しました。

A

専門家の回答

頭の形と発達障害の関係について医学的に言えることはない。

頭の変形

頭の変形については、気にされる親御さんは多いようです。ほとんどは寝るときの向き癖によるもので、成長するにつれて目立たなくなっていくものですが、ごく稀に頭蓋骨縫合早期癒合症という治療が必要な変形があります。ただ、その場合は、これまでの受診で医師から指摘されているはずなので、特にこれまで何も言われていないのであれば、気にされなくてよいと思います。

どうしても気になる場合は、頭蓋変形外来のある病院などを受診されてもいいかもしれませんが、２歳くらいまでならなんとか治療が可能でも、おっしゃるように７歳では、思うような効果は出ないかもしれません。

頭の形と発達障害の関係については、医学的にはっきりしたことは何も言えないのが現状です。

「話す」と「聞いてわかる」は脳の領域が違う

息子さんは話すことはあまりできないが、読み書き計算ができるとのこと。言語能力には、「話すこと」（表出言語能力）と「聞いて理解すること」（受容言語能力）の２つがあります。息子さんの場合は、表出言語能力は今の段階では獲得できていないけれど、受容言語能力は発達している、と言えます。

この2つはそれぞれを司る脳の領域が異なります。「話すこと」に関する脳のネットワークに問題があるのかもしれませんが、聞いて理解することができるのは素晴らしいことだと思います。3歳でASDと診断され、ここまでゆらゆうさんと一緒にがんばって療育に通われた成果でしょう。

大事なのは「コミュニケーションする」こと

親としては、言葉が出てこないことに不安があるのはわかります。でも、息子さんにとって大事なのは「話す」ことよりも、「コミュニケーションする」ことです。

脳のことはまだわかっていないこともたくさんあります。「話す」方の脳のつながりができて急に話しだすかもしれないし、このままかもしれない、それはわかりません。

どうでしょう。頭の形や話す力を改善しようとするのではなく、今できている「読み書き」能力を活用して、自己表現やコミュニケーションの方法を習得させる方向に考え方を変えてみませんか。

自己表現の手段を見つける

タブレットで文章を打つと音声で変換されたり、視線で文字盤を追えば音声になって出てくるなど、テクノロジーの進歩は目覚ましいものがあります。息子さんが話せなくてもコミュニケーションに困らないよう、サポートしてあげてください。

他にも何か息子さんが、大好きなことはありませんか。例えば、絵を描いているときは何時間も夢中になっているとか。楽器に興味があるとか。

自分の考えていること、思っていることを伝えるのは、話すことだけではありません。息子さんに合った自己表現の手段が見つかるといいな、と思います。

キーポイント

- 頭の形と発達障害の関係について、医学的にはっきりしたことは言えない。
- 言語能力には、「話すこと」（表出言語能力）と「聞いて理解すること」（受容言語能力）の２つがある。それぞれ脳の領域が違う。
- 話すこと以外の自己表現の手段を見つけよう。

COLUMN タンさんのおかげで発見できたブローカ野

話すことは、脳の前の方、前頭葉というところにある「ブローカ野」が司っています。フランスのポール・ブローカ（1824〜1880）という脳外科医が発見したことにちなんでいます。発見したときのエピソードがあるので、紹介しましょう。

ブローカ博士が病院に勤務していたとき、何を聞いても「タン、タン」としか答えないので「タンさん（ムッシュ・タン）」と呼ばれている51歳の患者さんがいました。こちらの言っていることは全て理解でき、身ぶり手ぶりで答えます。タンさんは30歳くらいまでは話すことができました。

その患者さんが病院で亡くなり、頭の中を解剖すると、脳の前の方にある部分が損傷されていたことがわかりました。このことから、その損傷されていた脳の部分が表出言語能力に関係するところだと判明したのです。

ちなみに、聞いて理解するのは脳の側面、側頭葉というところにある「ウェルニッケ野」が司っています。ウェルニッケ野に障害があると、一見流暢《りゅうちょう》に話せるのですが、内容を理解して話しているわけではないので会話はかみ合いません。このことも、カール・ウェルニッケ〔1848〜1905〕というドイツの神経病理学者が、意味のないことをよくしゃべっていた患者さんの死後、頭を解剖してわかりました。人と会話する、というのはブローカ野とウェルニッケ野を含めた脳の複数の領域が機能し、領域間のネットワークがつながっているからできることなのです。

話すことと、聞いて内容を理解することを司る脳の部分は異なることが発見されてから1世紀以上を経て、MRIなど画像診断技術の進歩のおかげで、今では生きている人の脳内の活動を調べることが可能となりました。その結果、脳に損傷が起きた部位によって、言語障害の種類が異なるということが、より詳しくわかるようになり、効果的な治療に役立っています。

Q18

自閉傾向があり知的な遅れもある娘。トイレトレーニングが進まず、闇の中にいるような気分です。

家族状況

サチママ（相談したい子の母、30代後半）／夫／長女／次女（相談したい子、5歳）／三女

ご相談

うちの次女は5歳8ヶ月ですが未《いま》だに排泄《はいせつ》の自立ができていません。日中はオムツはやめて布パンツにパッドをあてていますが排尿も排便も事後報告は一切ありません。私も頭では分かっていますが、いいかげん出たことくらい教えてくれてもいいのかなって思っています。でも、なかなか進みません。トレーニングは朝と寝る前にオ

マルに座っていますが排尿もほとんど見られませんし出そうになると立ち上がり抵抗します。なんだか全然進まないので闇の中にいるような気分です。ただ見守るしかないのでしょうか？　診断は自閉傾向で、知的な遅れもあります。

A

専門家の回答

「のんびりなんだな」とおおらかに。親子が毎日楽しく過ごす方が大事。

ＡＳＤ特性があるとトイレトレーニングが遅い場合がある

トイレトレーニングは、ＡＳＤ特性のあるお子さんの場合、遅い傾向があります。他にも、ダウン症や脳性麻痺《まひ》などの症状のあるお子さんでは、トイレトレーニングがうまくいかないことが多く、作業療法士や児童精神科医への相談が必要な場合があります。娘さんの場合は、知的な遅れも見られるということなので、お姉ちゃんや妹さんと同じようにはいかず、とまどわれているのだろうと思います。

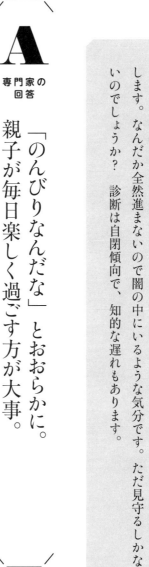

ＡＳＤ特性があるお子さんの中には、肌触りや匂いなどの感覚が過敏なお子さんもいますが、その逆で、気にならない、感覚が鈍い「鈍麻」というお子さんもいます。娘さんは、もしかするとパッドに排泄した後、気持ち悪い、という感覚がわかりづらいのかもしれません。そういうタイプのお子さんもいます。

娘さんが納得してできる場所を探す

また、出そうになると立ち上がって抵抗する、というのは、オマルでトイレをしたくない、という意思表示なのかもしれません。親からすれば、オムツやパッドではなく、オマルに座ってするのが当たり前、と思われているでしょうが、娘さんにとってはそうではないようです。

なら、どこでならできるのか。娘さんが納得してできるところを探してみるのもいいですね。トイレに子ども用便座を置くのがよいのか、大人と同じようにトイレにそのまま座りたいのか。色々試してみてはどうでしょう。

開き直る

トイレトレーニング中は、うまくできずに後片付けが大変だったりして、そこばかりに目がいきがちです。「またできなかった」と毎日毎日思い続けていると目の前が真っ暗になってしまうのもわかります。

でも、発達に遅れや特性のあるお子さんの場合、やはり、何をするにも時間がかかりがちなので、「この子はのんびりなんだよね」と思うしかありません。神経質になって自分を追い詰めると、お子さんを追い詰めることになります。

大切なことは……

親が「なんで!?」と必死になればなるほど、子どもは思い通りにならないものです。この本でも何度も言っていますが、できないことではなく、できることを見てあげましょう。

何より大切なのは、親子が日々できるだけ楽しく生活すること。トイレトレーニングが大変だったら、「今日はオムツにしちゃおっか」とトレーニングせずオムツの日があったっていいと思います。「毎日やらなきゃ」とがんばりすぎないでいいですよ。サチママさんはもう十分がんばっているのですから。

キーポイント

・ASD特性があるとトイレトレーニングが遅い傾向がある。また、感覚過敏のタイプだけでなく感覚が鈍い「鈍麻」のタイプも。
・子どもが納得して用を足せるところを探してみては。
・親が「なんで!?」と必死になればなるほど、子どもは思い通りにならない。できないことではなく、できることを見る。

Q19

2歳イヤイヤ期の長男が、リトミック教室でみんなと同じようにやってくれず憂鬱です。野菜嫌いなせい？

家族状況

まー（相談したい子の母、20代後半）／夫（30代前半）／長男（相談したい子、2歳）

ご相談

月2回、リトミック教室に通い始めましたが、息子はみんなと同じようにやってくれません。本人は行くことに対して、嫌がってなく、むしろ楽しみにしてます。始まって早々、教室の周りを走り回り、倉庫の中に入ったり、廊下に出ようとしたりと落ち着きがありません。自分が好きなこと、得意なことはやってくれるのですが、特に座って動いたりするのはほとんどやってくれません。捕まえに行くとわざと逃げ、抱っこして捕まえると大泣きします。先生も一緒にやろうとしてくれるのですが、嫌だと泣きます。自分の好きなようにさせてあげたり、みんなより大げさにやってあげたり、家でも教室でやってることを一緒にやったりと色々試しもしましたが、やはりやってくれません。本人も楽しそうだし、続けたい気持ちもあるのですが、毎回こんな感じだと憂鬱です。リトミックの先生から「息子くん、野菜食べないでしょ？野菜嫌いな子は結構こういう子多いよー。野菜食べないと脳の発達に影響するよー」と言われました。もちろん野菜は全然食べないです。やはり影響するのでしょうか？

A

専門家の回答

一緒にできなくても、楽しんでいるならよしとしましょう。

「食べることって楽しい！」が大事

確かにバランスよく食べたほうが体には良いですし、幼児期から野菜を含めていろんな種類のものを食べることが望ましいことは言うまでもありません。でも、喜んで野菜をたくさん食べる子ども、というのは少ないのもまた事実でしょう。

食べられる野菜を組み合わせたり、野菜ジュースを飲ませるなど、できる範囲でバランスを意識していればいいと思います。何より、「これもあれも食べなさい」と嫌がる野菜を無理に食べさせようとして、食べること自体が嫌いになってしまわないようにしましょう。「食べることって楽しい！」と幼児期に思わせることが大切です。

リトミックの先生に言われても「そうなんですー、野菜食べないんですー」と涼しげに笑っていればいいでしょう。

イヤイヤが始まる2歳

2歳というのは、言葉が話せるようになり自己主張が出始め、イヤイヤ期と呼ばれて親を手こずらせる時期でもあります。社会性が育ってくるのは4歳くらいなので、

「みんなと一緒に」やることができないお子さんもいます。

もちろん、2歳でも、先生のマネをしてみんなと同じようにできるお子さんもいます。そんなお子さんたちと比べて、逃げ出したり落ち着きのないわが子に「なんでうちの息子だけ……」と憂鬱になる気持ちもよくわかります。でも、まだ2歳です。

無理に一緒にやらせると……

「まだみんなとやるのは無理なんだな。そういうのは苦手なタイプなのかも。でも一緒にやってるのもあるし、いっか」とおおらかに見てあげましょう。走り回る息子さんを連れ戻して無理にやらせようとしても、反発するか怯《おび》えてしまうかのどちらかです。この時期にぎゅうぎゅうとお子さんを締めつけてしまうのはよくありません。

そもそも息子さんはなぜ一緒にやるのかわかっていないでしょうし、その理由をわからせるのも年齢的に厳しいものがあります。理解できていないことを無理強いすると、大人への不信感が芽生え、みんなと体を動かすことは苦しい、という誤学習にもつながりかねません。なるべくプレッシャーをかけないように。

また、リトミック教室の先生の理解も必要です。「教室を飛び出したり、他の子に危ないことをしそうになったら止めますので」とお願いしておくのも大事です。

楽しんでいる時の子どもの脳

何より息子さん自身が嫌がらずに、楽しみにしているというのが素晴らしいと思います。今は、他のお子さんと同じことを一緒にやるということに、あまり意識は向いていないのかもしれませんが、人といることが苦ではなく、楽しいと感じているというのは、自分なりに楽しむ方法を知っているということです。

楽しいと感じている時、子どもの脳は刺激を受けて成長しています。どうか「他の子と同じにできない」ことを悲観せず、息子さんなりに楽しんでいる様子を微笑ましく見守ってあげてください。

キーポイント

- 嫌いなものは無理強いせず「食べることって楽しい！」と思わせることが大切。
- 社会性が育つのは４歳ごろ。おおらかに見守る。
- 楽しいと感じている時に、子どもの脳は成長している。

Q 20

やっとトイレトレーニングを始めた5歳の娘、来年の小学校入学までにオムツが外せるの？

家族状況

あきもも（相談したい子の母、30代後半）／娘（相談したい子、5歳）

暮らしているのは私と相談の娘5歳。近くに1回目の離婚した旦那と長男20歳と次男14歳。次男はたまに泊まりにきます。2回目の元旦那（娘の父親）が近くにいるので度々会っています。複雑な家庭環境です。

ご相談

今娘は5歳6ヶ月でやっとトイレトレーニングをスタートさせる事が出来ました。それまでは嫌がって全くスタートを切れなかったので大きな一歩です。しかし気分が乗れば自ら進んでトイレへ行くのですが、何かに夢中になっていると忘れて漏らすので、失敗する確率が高いです。うんちは不思議とトイレ成功率が高いのですが、おしっこはまだまだです。トイレが成功したら可愛いシールをボードに貼れると最初は喜び頑張っていましたが、今では失敗確率が上がってきています。

来年小学校に入学するし、こちらはすごく焦っていますが娘はどこ吹く風という感じ。待機児童なのもあり今は家庭保育中なのでのんびり構えながらやっていますが、オムツがはずれるのかがとても心配です。トイレトレーニングパンツ型のオムツにしたのですが、オムツやズボンがビシャビシャになっても娘はお知らせしてくれません。気持ち悪くないのかなとこちらが驚く始末です。他は何でも１人で出来るし、私にもすごく気をつかってくれて、優しくてお話も上手《うま》くて、福祉や近所の大人の方も驚くくらい発達が早いのですが、オムツだけが外れず困っています。

A

専門家の回答

集団保育を経験することで、トイレだけでなく、多くのことが学べます。

小学校入学までにオムツ外しを

トイレトレーニングの開始が5歳というのは、ちょっと遅い気がします。お子さんの状態に合わせて進めるべきですが、少しお話ができるようになり、意思が伝えられるようになる2~3歳の夏に始めることが多いようです。ある都市での調査では、半数以上の子どもが2歳頃から排泄を知らせるようになり、3歳頃には全員が昼間のオムツが取れたと報告されています。4歳頃には、ほぼ全員が付き添えばトイレで排泄できるようになっていました。また、3歳児でオムツ外しの状況をみると、2歳未満に入園した園児ではオムツがとれている割合が高かった、ということです[*42]。

あきももさんが心配されているように、小学校に入ってもまだオムツ、というお子さんはあまりいないので、それまでには外したいところです。

保育園が無理なら幼稚園に

ご相談によると、娘さんは待機児童ということで、保育園の空きがなく家庭保育をされているということでしょうか。それなら今すぐにでも幼稚園に入園させるなど、子ども同士の中で過ごす時間を作られることをおすすめします。

特に、社会性が芽生える4歳頃には同じ年齢の子どもたちと遊ぶことで、◯◯ちゃんといると楽しい、自分も◯◯ちゃんのようになりたい、と思うものです。

もし娘さんが幼稚園や保育園に通っていれば、お友達がトイレに行く様子を見て、自分だけオムツをしていることに違和感を感じたでしょう。少なくとも5歳までトイレトレーニングが始められなかった、ということはなかったかもしれません。他の子の目があれば、お漏らしして恥ずかしいという気持ちになったと思います。

大人とだけ付き合っていても人付き合いは学べない

娘さんはお話も上手で近所の方も驚くほど発達が早い、とのことですが、関わる相手が大人の場合はうまくやっていける、ということではないでしょうか。大人は子どもが話しやすい話題をふったり、子どもの機嫌を損ねないように気をつかって付き合うことができます。ところが、子どもはつまらないと遊んでくれませんし、何かこちらがきついことを言えば泣いてしまいます。

子ども同士で遊ぶと……

例えば、「ごっこ遊び」は架空の設定を理解して相手の気持ちを想像しながらやりとりを楽しむ遊びです。積み木をアイスに見立てて「これ、アイスクリームね。ペロペロ、おいしい！　◯◯ちゃんも食べる？」と言われた時に、うまく理解して「ありがとう。おいしい！　ペロペロ」などとやることが要求されます。その時、「それ、積み木だよ？」なんて言ってしまうと、遊びが成立しません（ちなみにこれは、相手の気持ちを読むのが苦手なＡＳＤのお子さんにありがちな行動です）。

そうやって子ども同士の世界観の中で遊ぶことで、社会性が伸びていくのです。

できるだけ早めに集団行動の経験を

たまに自分の子どもかわいさに、「小学校入学まではずっと家でみていたい」と家庭保育を考える方がいますが、おすすめしません。閉じられた空間で、いくら素晴らしい育児法を実践されても、社会に出て同年代の子どもたちと交わった方が、ずっと多くのことを吸収できます。

それでも大家族が機能していたふた昔ほど前だったら、家でも、きょうだいやいとこなど、同世代の子どもたちと過ごす時間はたくさんあったから良かったのかもしれません。核家族の今、できるだけ早めに集団保育に入れた方がいいと思います。最初の集団生活が小学校というのではあまりに遅すぎます。小学校に入学して、いきなり大勢の同い年の子どもたちと出会ってとまどわないように、なるべく早めに、入れる幼稚園を探して入園させてあげてください。それがオムツ外しの近道でもあります。

キーポイント

- トイレトレーニングを始めるのは２～３歳の夏が多い。
- ２歳までに入園した子はオムツが外れるのが早い。
- 子ども同士で遊ぶことで、相手の気持ちを読む訓練になり、社会性が育つ。
- 家庭保育よりも集団保育のほうが子どもは成長する。

Q21

知能が遅れていると指摘された8歳の次男。肥満傾向で困っています。

家族状況

おたーたん（相談したい子の母、40代前半）／夫／長男／次男（相談したい子、8歳）／三男

ご相談

小学3年生になった次男の肥満傾向についてです。

発達の状況は、年長の時に、大便をオムツでしかできなかった事をきっかけに、地域の支援センターに月1で通っていました。その際、田中ビネーという知能検査で「知能が8ヶ月遅れ」という結果でしたが、トイレのこだわりや臭い過敏、ルールのある

遊びが苦手など、親から見た感覚と結果は合致していました。

長らく悩みに悩んだ大便をオムツでする件については、小学校入学直前の3月に無事トイレでできるようになりましたが、入学前の就学相談で滑舌の悪さを指摘され、小学1年生の1年間、週1回「ことばの教室」という通級に通い、1年間で無事すら話せるようになりました。現在3年生になりましたが、学習面は、今はまだ家庭でフォローすればつまずきながらもついていけている、という状態です（学校の担当の先生には高学年になったら厳しくなるかも、と言われました）。

元々、赤ちゃんの頃から握力が弱く、運動も苦手な次男でしたが、コロナ自粛生活でみるみる太ってしまい、身長（身長は元から高くて）と体重が同級生よりふた回り大きくなり完全にメタボ体型になってしまいました。3歳上の兄より5kg以上体重が重い、という現状に慌てている母です。兄と弟は全く太っておらず、です。

次男は縄跳びや鉄棒やマット運動などどれも満足にできず、まずは痩《や》せないとダメか、と思いますが、食べることが好きで早食いで、「よく噛《か》んで」等と声をかけていてもなかなかからちがあかないと感じます。次男はルーティンに組み込むと、見ていて清々《すがすが》しい程きちっと取り組むので、運動などをルーティンに組み込むのが良いかと思ってはみるのですが、現在は夫（子ども達の父）が海外駐在で不在でワンオペ育児な事もあり、母1人で日々疲れ果てている為、アイデアが全く思い浮かばず、家庭で取り組める事やその他にも取り組める内容があれば教えて頂きたく、ご相談させて頂きました。ちなみに、次男は習い事でそろばん、ピアノ、スイミング（週1日）に通っています。どれも上達は超ゆっくりですが、どの習い事も先生に恵まれて、嫌がらずコツコツやっています。スイミングを週2日にするのは本人が拒否しているのと、母が会社勤めをしている為、送迎できる曜日が限られており、無理かなと思っています。

A

専門家の回答

適正体重が保てるように、本人任せにせず、家族で協力しましょう。

なるべくストレスのない環境で

言葉の教室に通い、すらすら話せるようになってよかったですね！　早めに気づかれて対応したのが功を奏したのだと思います。

知能については、田中ビネー式知能検査で8ヶ月遅れていると言われたとのこと。学校の先生が言われたように、高学年になると勉強が難しくなるので、なるべく次男くんがストレスを感じなくて済む環境を用意してあげて欲しいと思います。というのも、ストレスがあると、無意識のうちにそれを、食べることで解消しようとする場合があるからです。もちろん、ストレスで逆に食欲がなくなるということもあり得ますが……。

発達に問題があると肥満リスクが高くなる

次男くんについては、知能の遅れ以外の発達の診断については書かれていないのでわかりませんが、「ルーティン化すると清々しいほどきちっと取り組む」ということから、もしかしたらASDの特性があるのかもしれません。ASDのお子さんでは、

「構造化」という、あらかじめ何をどうするのか決めておくやり方だと理解しやすいのです。

ちなみに、ASD児の肥満頻度は22・2%で、定型発達児より肥満となるリスクが41・1%高いという報告があります。

ASDに限らず発達に問題のあるお子さんの肥満については、一般的に、

・食行動の異常（フルーツや野菜の摂取が少なく、甘い飲み物やスナック菓子の摂取が多いなど）が定型発達児の5倍多い。

・身体活動量が少ない（座っている時間が長く、ゲームをする時間が長い）。

といった原因があげられます。

適正体重の範囲に入るように

肥満は放っておくと生活習慣病など様々な弊害が出てくるので、適正体重の範囲内に入るよう、数値を落とされた方がいいでしょう。なお、小児の適正体重については、一般社団法人日本小児内分泌学会のサイト（http://jspe.umin.jp/medical/chart_dl.html）に標準体重などについて詳しく記されているので参考にされると良いと思います。

高学年になり思春期に入ると食欲は激増することが多いので、その前に過食が過ぎてしまうのはふせぎたいところです。親御さんが、お子さんのためにしっかり管理してあげてください。

食べる量と消費するエネルギーの兼ね合い

「肥満」は、簡単に言うと、食べる量が消費エネルギーを上回り余った栄養が身体に蓄積されている状態のことです。食べる量が多くても、その分運動するなどして消費エネルギーも増やせば、肥満にはなりません。

しかし運動が苦手なお子さんの場合、積極的に体を動かそうとせず、ゲームなどじっとしたままできる遊びを好みがちです。だからこそ、肥満予防・健康維持のために、幼い頃から体を動かす習慣を身につけておくことが大切なのです。次男くんの場合、コロナ自粛生活で、運動量がさらに減ってしまった上に、家にいてついおやつなど食べ過ぎてしまった、といったところでしょうか。

食べるものや量を工夫する

食べ盛りの次男くんに、「食べないで」というのはなかなか酷なことですが、なるべく野菜やお魚、お肉なら脂身の少ない部位のものを出す、お菓子をあまり家に置いておかない、寒天ゼリーや枝豆などお腹が空《す》いたら好きなだけ食べてよい低カロリーおやつを常に冷蔵庫に入れておくなど、工夫されるとよいと思います。

あと、食事は大皿で出して各自で取り分ける方式より、あらかじめ1人分ずつ入れて渡した方が確実です。

また、毎日節制というのもストレスになって、隠れて食べるようになっては元も子もないので、週に1日か2日は好きに食べていい日を設けるといいでしょう。

運動を生活習慣に組み込むには

次男くんの水泳は、おっしゃるように週2、3回できればいいのですが、本人がいやがっているのに無理にやらせるわけにはいきません。かといって食事制限だけではなく、運動も少しは組み合わせたいものです。

サッカーや野球などチームスポーツはやはりハードルが高いでしょうか。仲良しのお友達と一緒なら続けられる場合もありますが。とにかく本人がやりたいことをやらせるのがいちばんです。

特にない場合は、エクササイズ型のゲームなどはいかがでしょうか。目標が達成できたらポイントがもらえるなど、うまくやる気を引き出させるように作られているので、学校から帰宅後30分をエクササイズゲームの時間にするなど、スケジュールに組み込んでみてください。

家族も協力を！

あとは散歩やスロージョギングなど、時間を決めて週2、3回でも、家族一緒に取り組んでみてはどうでしょう。次男くんは運動が苦手で、もしかしたら学校のお友達とでは一緒に運動したくないかもしれません。家族だと気兼ねなくできるので、ぜひお兄さんや弟くんにも協力してくれるようお願いしましょう。

食事やおやつについても、次男くんだけ種類が違う、というのも可哀想なので、一緒に食べるときは、兄弟にも同じものをあげるようにしましょう。次男くんが習い事などでいない時に埋め合わせをするとよいと思います。

早食いにならないようにするには

次男くんは早食いとのこと。通常、私たちは食事をすると30分くらいで脳内の視床下部というところにある「満腹中枢」が刺激され、満腹感を感じて食事を終わりにします。早食いだと、この満腹中枢が刺激される前に、どんどん食べてしまうという危険があります。

ゆっくり時間をかけてよく噛んで食べることで、早食いをふせぎましょう。一口に噛む回数は30回くらいを目指します。例えば食べ物を口に入れて「もしもしカメよ、カメさんよ〜♪　世界のうちにお前ほど、あゆみののろいものはない、どうしてそんなにのろいのか♪」を心の中で歌いながら噛むと、ちょうど30回ほど噛むことになります。これもルーティン化するとよいと思います。次男くんならきっと守ってくれるでしょう。

無理せず、続けるために

いくつか試してみてはどうかというアイデアを書きました。絶対に全てそうしないといけない、ということではなく、お子さんによって向き不向きもあるので、楽しみながらできることを続けていっていただければと思います。

キーポイント

・ＡＳＤ児の肥満頻度は22・２％で、定型発達児より肥満となるリスクが41・１％高い。
・なるべく野菜やお魚、お肉なら脂身の少ない部位のものを出す、お菓子をあまり家に置いておかない、寒天ゼリーや枝豆などお腹が空いたら好きなだけ食べてよい低カロリーおやつを常に冷蔵庫に入れておく、大皿料理は出さないなどの工夫を。
・早食いをふせぐために一口に噛む回数を30回に。「もしもしカメよ」を心の中で歌うとちょうどいい。

COLUMN 海馬の話と親の支援

私たちは日々、多くのことを覚えていきます。特に子どもは毎日新しいことを覚えていかねばなりません。そんな時、日々の出来事や勉強して覚えた情報は、**「海馬」**にファイリングされ整理されて、大脳皮質で古い記憶として保存されます。この「海馬」、実はとても繊細で壊れやすいのです。脳梗塞などで脳に酸素が届かなくなると、まず最初に壊れるのが海馬です。だから、しばらく意識のなかった人に意識が戻ると、昔のことはよく覚えているのに最近の記憶が思い出せない、なんてことが起こるのです。

また**海馬は、ストレスにも弱い**のです。ストレスを感じると、ストレスホルモンが分泌されて海馬に行き、新しい神経細胞を作る機能が抑えられてしまいます。つまり神経細胞の数が減り、新しいことを覚えにくくなります。

ＰＴＳＤ（心的外傷後ストレス障害）の患者さんでは、海馬が10％程度萎縮していることがわかっています。そして、海馬の体積が小さいほど、ストレスに関連した精神病になるリスクが高くなってしまうのです。

さて、そんな役割を果たす海馬ですが、幼児期に母親が子どもを好意的にサポートすると体積が増加した、という調査報告[*43,44]があります。少しストレスのかかる課題を幼児にやらせる際に母親が「もう少しだよ」「よくがんばってるよ」などと声かけしサポートすると**海馬が10％大きくなった**というのです。

そして、この母親のサポートが最も効果的に海馬の発達を促すのは「就学前」であることがわかっています。もちろん就学後でも、ポジティブなサポートがあった方が良いのは言うまでもありませんが、こと海馬の発達に良い影響を及ぼす、という意味では、就学前の幼児期が重要だということです。

幼児期に母親が意識して子どもをサポートすることで、学齢期、思春期にわたり、海馬の成長に効果があるのです。**海馬のためにも、「怒る」ではなく「ポジティブなサポート」を心がけられるとよいですね。**

Q22

11歳の娘が過敏症で下着のパンツがはけません。生理が始まる年齢なのに、どうしたらはくようになるでしょう？

家族状況

まき（相談したい子の母、40代後半）／夫／長女（相談したい子、11歳）

ご相談

5年生から起立性調節障害と診断され、今も受診中。6年生から、特別支援学級に登校中。6年生になり、身体的にも、胸が出てきたり、色々かわってきている時期。ですが、過敏症で下着のパンツがはけないのです。なので、学校でも、ノーパン。スカートはもちろんはけず。ズボンも短いのをはきたがるので、横から見えたり。長いズボンを最近はかせるようにしました。色々なパンツを試しましたが、もう締め付けられる感じが嫌になっているようで。どれもダメでした。生理が始まる時期でもあり、私自身も悩んでます。どうしたら、はくようになるでしょうか。よろしくお願いします。

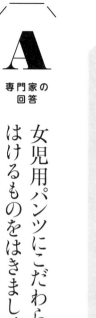

A 専門家の回答

女児用パンツにこだわらず、はけるものをはきましょう。

異性の目より感覚過敏が気になる？

肌着の質感や締め付けられる感覚が嫌いだという過敏症。小学校入学を機に、他の子が着ている様子を見て、段々と少しずつ慣れていくものですが、難しい場合もあります。

娘さんのように11歳、小学6年生となると異性の目も気になりだし、このままでは嫌だなと思ったりする時期なのですが、それより過敏の方が勝ってしまうということなのでしょう。

それでも、まきさんが心配されるように生理のこともあるので、そろそろパンツをはいてもらわないと困りますよね。

子どもへの伝え方

締め付けられる感覚が嫌ではきたくない気持ちもわかるけど、学校の男の子に見られたら何か言われるかもしれないし、他の男の人に何かされて怖い目に遭うかもしれない、ということをことあるごとに話してください。自分の身を自分で守るためにも、せめて家以外の場所ではパンツをはいてもらいたいと、まずは知識として、本人に、他の人からの目があるということを理解してもらいましょう。

女児用パンツがはけないなら

下着のパンツははけなくても、パジャマのズボンははけるのなら、パジャマのズボンを短くしてパンツとしてはくのはどうでしょう？　普通のズボンをひと回り小さくしてパンツ代わりにはくのでもいいですし。締め付けない男性用のトランクスでもいいと思います。「下着の女児用パンツ」である必要はありません。なるべく締め付けない、パンツらしくないものをはく練習をしてみてください。最初は5分、次は10分、その間、美味《おい》しいものを食べたり、お気に入りの動画を見たりしていると、あっという間に時間が経つでしょう。

そうやってだんだん慣れていけばいいと思います。

ストレスがあると過敏症が強く出る

また、娘さんは起立性調節障害があるとのこと。起立性調節障害は、自律神経の乱れから朝起きられなくなり、大体5時間ほど生活のリズムが後ろにずれてしまいます。小学校児童で5%、中学校で10%の生徒に症状があると言われており、男女比は1：1.5〜2で女子の方が多いです。5年生まで普通級にいたけれど6年生で特別支援学級に変わったということで、お友達関係とか勉強とか、なにか問題があったということなのでしょうか。

ストレスがあると、過敏症がより強く出てしまう、ということがあります。今のクラスの居心地が良く、5年生の時よりはストレスが軽減されていると良いのですが。

まきさんも心配でしょうけれども、根気強くノーパンでいることの危険性を話したり、パンツの代わりにはけそうなものを手作りしたりして、付き合ってあげてください。何があってもまきさんは娘さんの味方であることを知らせることで、娘さんも安心して、一歩踏み出して大嫌いなパンツをはこう、という気になってくれるかもしれません。

キーポイント

・パンツをはかないと、危険な目に遭うかもしれない、ということを伝える。
・女児用パンツにこだわらない。パンツらしくないないなにかをはかせる。
・ストレスがあると、過敏症がより強く出てしまうことも。
・何があっても子どもの味方であることを知らせる。

Q23

何度言っても爪噛みがやめられない4歳の息子。このご時世、気になって仕方ありません。

家族状況

さかさま（相談したい子の母、30代後半）／夫／長男（相談したい子、４歳）／長女（０歳）

ご相談

４歳の息子が爪を噛《か》むことがやめられません。寂しいと爪を噛んでしまう、などの言葉を受けてとても気にしています。息子は先天性心疾患で、幼いころから入退院を繰り返しており、どちらかというと過保護に育ててしまっていると思っております。

2歳には手術もすべて終わり、保育園にも通いだし、3歳には妹ができました。

爪噛みが始まったのは保育園に行きはじめてからで、先生からも、爪を噛んでいる旨お話をされました。ばい菌食べちゃうからやめよう！　ママ、爪切りたいなーなどと声かけをしても次の瞬間には爪をかじっています。このご時世ですし、爪を噛んだ（舐《な》めた）指で周りを触り、それを口に運ぶことに抵抗があり、やめさせたい気が強くなり言葉も強くなってしまい、反省の繰り返しでいます。インターネットなどで調べて、苦いマニキュアなども試しましたが、一瞬いやな顔をしますが、結局すぐに爪噛みが始まってしまいます。いつかやめるよ、という言葉にも疲れてしまいました。

A

専門家の回答

人に迷惑をかけない癖《くせ》は良しとしてはどうでしょう。

Q23 何度言っても爪噛みがやめられない４歳の息子。このご時世、気になって仕方ありません。

癖はなかなか治らないもの

息子さんにとって、爪噛みは一種の癖になっているようですね。癖というのは本人も無意識のうちにおこなってしまうことなので、なかなか注意してすぐ治るというものではありません。

髪をさわる、鼻をほじる、貧乏ゆすりをする、ペン回しをする……大人になっても癖のある人はたくさんいます。ただ、成長するにつれてなんとなくやってもいい時と場所を体得していく、というのはあると思います。

除菌シートで手をふく練習を

そうは言っても、確かにご時世がら口に入れた指であちこちさわるのは良くない、というのはあるかもしれません。除菌シートで指をふく練習をしてみてはどうでしょうか。爪を噛む前と後にふければいいのですが、無意識のことでしょうから、気づいた時に。

保育園でも除菌シートを預けておいて、「気づいた時にふくように促してください」

とお願いしておくとか。気休め程度ではありますが。

どんな時に爪を噛んでいるのか

ところで、息子さんはどんな時に爪を噛んでいるのでしょうか。保育園に行く時でしょうか。それとも、さかさまさんが下のお子さんを抱っこしている時でしょうか。

そういう時にやっているのであれば、それは息子さんなりに自分を安心させるための調整法の1つなのかもしれません。退院して妹ができて保育園にも通うようになって、それまでママを独占できていたのに、そうもいかなくなり、でも新しい環境にも必死で順応しようとしている、そんな時にはじまった癖なのかもしれません。

自分を安心させるための行為

そうだとすれば、爪を噛んでいるときにちょっと声をかけて、噛んでいる手をさりげなくとって手をつなぎ、頭をなでてあげるとか、息子さんがリラックスするようなことをやってみてはどうですか。無理にやめさせようと、親が一生懸命になればなるほど、息子さんとしては、自分自身を安定させるための行為を認めてもらえずに、余計ストレスが高まってしまいます。

注意するなら、「やめなさいっ」という感じではなく、親のおひざにのせて、嚙んでいる手をそっと握り「大丈夫だよ」と声をかけてあげてください。真剣に責めると追い詰めてしまい、さらに爪を嚙む行動が強く出てしまいかねません。

息子さん本人が、もう少し大きくなってお友達に、「いつも爪嚙んでるね」と言われて恥ずかしいと思えばやめるかもしれません。さかさまさんがこだわればこだわるほどやめないでしょう。口に入れた指でベタベタと、という懸念はありますが、そこで自分を安心させているのだと思って、長い目でみてあげてはどうでしょう。人に迷惑をかけない癖なら大目に見ましょう。

キーポイント

・その癖はどんな時にするのかを観察し、その原因を探る。
・自分を安心させるための癖なら無理にやめさせない。親が一生懸命になればなるほど、余計ストレスが高まり、癖がひどくなる。
・人に迷惑をかけない癖なら大目に見る。

Q24

妄想し突拍子のないことを言う3歳の娘。心理士さんに療育に通った方がいいと言われました。

家族状況

ななな（相談したい子の母、30代後半）／夫／長女（相談したい子、3歳）

ご相談

失礼致します。娘は2歳9ヶ月ほどのとき、保育園で巡回の市の心理士さんから発達相談を受けた方がいいかもと言われました。その後すぐに区の心理士さんと面談し、3歳児健診の際も確認していただき要観察となり、そこから半年に一度確認ということになりました。

つい最近行った3歳半健診にて心理士の先生が替わったのですが、新しい心理士さ

Q24 妄想し突拍子のないことを言う３歳の娘。心理士さんに療育に通った方がいいと言われました。

んに替わったら「筆圧も弱いし、こちら側からのアプローチに対して気が乗らなければ反応が薄いので」と言われ、療育に通う方向を示されました。まだ言われたばかりなので療育などの通所はなく、先日担任の先生と面談にて週１回か月１回かで療育を始めようかという話になったところです。担任の先生からはオブラートに包まれた言い方で「急を要する状態ではありませんが、沢山見てほしい子なので、そこで手厚く見てもらう機会も１つかも」と言われました。

その娘なのですが、ここ最近叱ったり注意すると「私は何にもできない?! １人なの？」というマイナスの言葉が出てくるようになりました。普段強めに叱らないのですが、今日は出窓のふちにのぼろうとしていたため、「落ちたら怪我をしてしまう！心配だからやめなさい！」と強めに叱ったら泣きだしました。気持ちの切り替えができず、しばらく泣きつづけていたら、そこから話がかわって「私は泥棒なの？」と言いだしました。誰がそんなことを言ったのか聞くと「ママが？」と……。全く言っていないのに。基本的に我が家は叱ったりしないで促そうとすることが多いので、叱られたショックからそのような言動や妄想につながるのでしょうか。

A

専門家の回答

特性が早くに見つかってよかったですね。早期療育で就学に備えましょう。

筆圧の弱さと自分の世界以外への関心のなさ

「筆圧が弱い」というのは、運動のコントロールに問題があるのかと思います。また、「気が乗らなければ反応が薄い」というのは、自分の世界があり、その関心以外のことにはあまり気持ちが向かないのでしょう。そして、3歳にしてはやや独特な言葉づかいをしているように思います。どれもASDやADHDの特性としてよく見られるものです。

それだけ聞くと「あら、うちの子もそうだわ……」と思われる方は結構いらっしゃると思います。もちろん、心理士の方は、それだけではなく他のことも観察されて、総合的に「療育に通った方がよい」という判断をされたのでしょう。

今は「早期発見、早期療育」を開始することで、世間に順応できる可能性が高いため、早くにわかったのはとてもラッキーだったと思います。ぜひ療育に通われることをお勧めします。

豊かな想像力は認めつつ

それにしてもご相談に書かれたエピソードによると、3歳でおしゃべりもよくできるし、想像力が豊かだなあと思います。ななさんに叱られて、周りに誰も味方がいないような気持ちになって「私は1人なの？」と言ったり、出窓に上るのを怒られて、きっと何かのお話を思い出し、出窓から侵入してくる泥棒と重なって「私は泥棒なの？」と言ったり。娘さんの頭の中では、ストーリーができちゃっているんですね。そこはどうか、頭ごなしに否定しないようにしてほしいです。「どうしてそう思うの？」と聞いたり、娘さんの独自の世界にも一定の理解を示してあげましょう。

しかし、頭の中で自分のお話は作れるけれど、怒ったななさんの気持ちを考えたりするのは苦手なのだと思います。

一方的な話は今後の人間関係に影響あり

まだ3歳ですと、「面白いことを言うお子さんだなあ」でいいのですが、この先、お友達関係が重要になってくると、空気が読めないことを言ってお友達が離れていく可能性もあります。

お友達に言われたことをどんどん自分なりに解釈して、架空の物語を作り上げてしまう。そうして突っ走ってしまわないように、「どうしてそう思ったのかな」と一つ一つ聞いていき、自分が道理に合う捉え方をしていないことを理解させます。そして「お友達はこういうつもりで言ったんだよ」とその都度教えていく必要があります。言葉の理解は早いので、きちんと説明すればわかってくれるはずです。

そういった、相手の気持ちを考えるといったことも、早くから療育に通うことで小さいことから学ぶことができるでしょうし、親御さん自身もどのように娘さんに関わっていけばよいのか教えてもらうことができます。そうやって就学までに、お友達とのつき合い方が学べるとよいですね。

キーポイント

・子どもの独自の世界にも一定の理解を示す。
・相手の気持ちを考えるのが苦手でも、療育に通うことで学べる。

Q 25

トイレでうんちしない5歳の娘。最近はお漏らしして帰ってきます。できたことができなくなるなんてありますか？

家族状況

ゆきママ（相談したい子の母、20代後半）／長女（相談したい子、5歳）

ご相談

5歳なのに未《いま》だにトイレでうんちをしません。したくなったら自分でオムツにはき替えてやります。オシッコは、トイレでやる時もありますが、トイレでしたくないせいかうんちしたいと嘘をついてオムツにオシッコをしたりします。

今、娘は保育園の年長さんで来年、小学校に上がります。娘の同級生たちはみんなトイレでできてるのに私の子だけできないからとても恥ずかしくて誰にも相談できませんでしたが、ここを見つけてすぐ相談しようと思い投稿しました。

今まで無かったのに最近、パンツにお漏らしをして保育園から帰ってきます。うちの時もあり、オシッコの時もありました。なんとか、トイレで上手に用をたしてもらいたいのですが、教えようとしても「いやだ」と泣くので私も、呆《あき》れてものも言えません。小学校に上がる前には教えたいのですがどうしたらよろしいでしょうか？あと、気になることが1つ。トイレを流す際、怖いのか、大きい音などにはとても敏感で必ず耳をおさえます。トイレの流れる音、掃除機の音、花火など。また、落ち着きもありませんし、食事中他のことに気を取られるとそちらに行ったりもします。

私は発達障害を疑っています。でも、実際に発達障害を持つお子様などを見かけたら、うちの子はそうでもないのかなぁなんて思ったりもしますがどこか不安です。もうどうしたらよろしいでしょうか？　言うことも聞かないので疲れてしまいます。

Q25 | トイレでうんちしない5歳の娘。最近はお漏らしして帰ってきます。できたことができなくなるなんてあります？

A 専門家の回答

これまでできていたのになんで、と責めずに支えましょう。

できていたことができないのは「退行」

うんちだけではなく、オシッコもトイレではできずにお漏らしするようになった、「今までは無かったのに」というのが気になります。

一般的に、それまでに獲得したスキルが3ヶ月以上なくなってしまうことを「退行」と言います。それまで順調に言葉も増えて話していたのに話さなくなった、それまで使えていたおはしが使えなくなったなど。過剰にできた脳内のシナプスを刈り込むときに、なんらかの異常が起こり、スキルが消失したのかもしれない、と考えられています[*45]。失ったスキルはその多くが6ヶ月を過ぎてまた戻りますが、そのまま戻らない場合もあります。ちなみに、ASD児の4分の1に言語または社会的スキルの退行が生後18ヶ月から24ヶ月にみられやすいことが報告[*46]されています。

圧力を感じているのかも？

なぜできなくなったのか、詳しくはわかりませんが、ゆきママさんの「恥ずかしい」「誰にも相談できない」といった気持ちを、娘さんが薄々感じてそれがストレスになっているのかもしれません。トイレで絶対にさせたい、という気持ちが強すぎて、娘さんへの圧力になっている可能性もあります。

実はトイレトレーニングが、子どもだけでなく、親の接し方の問題を含んでいることが少なくないのです。親の方ができないことに過敏になり、ますます子どもを追いつめてしまい、さらにトイレトレーニングを難しくさせる、そんなことがよくあります。

子どもはこちらが思っている以上に、親の顔色や思いを強く受け止めてしまいがちです。ハラハラ、イライラせず、そのうちまたできるようになるわね、くらいにおおらかに受け止めて接してはどうでしょう。

音過敏

明らかなのは、娘さんは「音」に対して過敏に反応する特性がある、ということです。耳をおさえるというのは、よほどその音を嫌がっているということです。同じ音でも、ゆきママさんが聞いている音より、大きく聞こえているのかもしれません。だとすれば、トイレでできないのは、流すときの音が嫌なのかもしれません。トイレを流す水の音は、自分が出したものをきれいにしてくれる音で、小さい音だと流れていってくれないからこれだけ大きな音になっているんだよ、ということを説明してみてください。トイレに行くときは音を遮断する耳栓をつけるという方法もあります。

ちなみに、発達障害と診断されたお子さんで音や感覚などに過敏に反応するお子さんはいますが、過敏がある＝発達障害、ということでは決してありません。

発達にはバラツキがある

食事中に落ち着きがないのは、例えばテレビがついていたり、見えるところにオモチャがあったりということはありませんか。気が散りやすいお子さんの場合、食事に集中できるよう、環境を整えてあげることが大切です。

発達は十人十色で、子どもによって色々なバラツキがあるものです。娘さんの場合、他のことは大体できていてトイレの問題しかないわけです。「しかない」を「がある」と思うように。できていることを認めてあげましょう。

他のお子さんと比べて、ゆきママさんが恥ずかしくなる必要はありません。多かれ少なかれ、他のお子さんにもできない何かはあります。まずはありのままの娘さんを受け入れてあげてください。そして、どうすればできるかな、とサポートしましょう。

キーポイント

・それまでに獲得していたスキルが3ヶ月以上できなくなるのは退行。
・トイレトレーニングで親が子どもを追いつめていることがある。
・できないことではなく、できていることを見る。

Q 26

小3の息子、私は発達障害を疑っています。登校しぶりがありますが、無理に登校させ続けてもいいのでしょうか。

家族状況

ｓｈｕｍａｍａ（相談したい子の母、40代前半）／夫／長男（相談したい子、8歳）／長女

ご相談

現在、小学校3年生の長男についての相談です。1学期の終わり頃から登校しぶりがあります。行きたくないのに、苦しみながら登校し、しばらくすると腹痛を訴えて1日欠席し、また嫌がりながら登校するというかんじです。先生に相談したところ、

学校生活では友達とも楽しくあそんでいたり、授業で発表もしたりと問題なさそうに見えるそうです。夏休み中は、元気でしたが、また学校がはじまり、かなり苦しそうに登校しています。

小さいころから、自分の世界に入り込んで周りの声が聞こえなくなることが多く、好きなことには何時間も集中する子でした。反面、切り替えが苦手で、手先の細かい作業が苦手でした。家では甘えん坊で、やや幼く感じます。

現在は、運動が得意で、勉強は嫌いです。勉強は15分くらいすると頭が痛くなるそうですが、宿題だけはきちんとしています。私は、発達障害を疑っていますが、夫や両親、先生からはそのような指摘はなく、私が心配しすぎているようにうつっているようです。このまま、息子に無理をさせ続けてもいいのか、迷っています。アドバイスをいただければ、助かります。よろしくお願い致します。

Q26 小3の息子、私は発達障害を疑っています。登校しぶりがありますが、無理に登校させ続けてもいいのでしょうか。

A

専門家の回答

登校の無理強いはせず、なるべく早く発達相談を受けることをお勧めします。

やれているように見えるのと、実際にやれているのは違う

息子さん、つらいですね。小学校3、4年になると、人間関係も複雑になりますし、成長の差も大きく出てくる時期です。勉強は得意ではない、ということで、どこかでつまずいているのかもしれません。わからない授業をずっと聞き続けているのも苦痛でしょう。

学校では、がんばってなんとかやれているように見えるのかもしれません。でも、実際にはそう見せるために、本人はかなり苦労している、ということもありえます。頑張ってやってきたけど、どうにも学校に行くのがしんどくなる、行ってもお腹が痛くなって翌日は休んでしまう、という状況になっているのだと思います。

本人の苦手なことを知るためにも、発達相談を

過集中、切り替えが難しい、細かい作業が苦手、幼いといった息子さんの特徴からは、ｓｈｕｍａｍａさんが疑っておられるように発達障害の特性が感じられます。言葉が堪能だと周りの人はわからないかもしれません。

でも、例えば、脳内のワーキングメモリー（一時的に記憶する能力）の発達に問題があると、黒板を写すのに時間がかかり、もたもたしているうちに黒板は消されてしまう、ということがあります。相当がんばらないとついていけません。

また、もしかしたら、一見楽しくおしゃべりしているように見えている友達関係も、相当無理をしているのかもしれません。

どの部分がしんどいのか、息子さんが苦手なことはなんなのか、それを正しく評価してもらうために、一度発達相談を受けてみてはいかがでしょうか。

まずはスクールカウンセラーか発達支援センターに

発達相談は、その子の発達の凸凹を知るのに適しています。何が得意で何が苦手な

のか。苦手なことがわかれば、その部分を補強することができます。これからも学校生活は続きます。まずは、息子さんの特性を客観的に評価してもらい、理解しましょう。

学校のスクールカウンセラーの先生に相談して、どこに行けばよいのか教えてもらってもいいですし、地域の発達支援センターに相談されてもいいかと思います。

息子さんの父親や祖父母には心配しすぎ、と思われているとのことですが、実際に学校に行くのが苦しく、腹痛という形になって不適応が現れているというのは、甘くみていてはいけない状況だと思われます。

登校を無理強いすると……

とはいえ、発達相談は今、どこの自治体でもかなり混んでいて、数ヶ月待ちということもあり得ます。とりあえず今、無理して学校に通わせ続けるべきか、というご質問には、どうか登校を強制しないでください、とお願いするしかありません。

何も手当をすることなしに無理して登校させ続けることで、ダメージが広がり、修復により長い時間がかかってしまうことがよくあるのです。しんどい原因がわかり、それに対する備えをどうするかわかるまでは、登校が本当にきついときには休ませてあげてはどうでしょう。登校しぶり、腹痛はSOSです。

それと同時に、少しでも行けそうなら、保健室でもいいから登校させてもらうなど、先生にお願いしてみてください。というのも、全く学校に登校しない生活を続けるよりは、時には保健室までも登校することで、朝起きて夜寝るという生活のリズムが保てますし、お友達と話す機会も増え、気持ちの切り替えがしやすいことがあるからです。

息子さんの状態を見極めるのはかなり難しいとは思いますが、shumamaさんは、どうか息子さんのいちばんの理解者になってあげてください。

キーポイント

・やれているように見えるのと、実際にやれているのは違う。
・どの部分がしんどいのか、苦手なことを知るためにも発達相談を。
・まずはスクールカウンセラーか発達支援センターに相談する。
・登校を強制するとダメージが広がり、修復がより長引く。

Q27

小4の息子が母親にだけ暴力をふるいます。障害が潜んでいるのか、精密検査が必要でしょうか。

家族状況

ピョンピョン（相談したい子の母、40代前半）／夫／長男（相談したい子、小4）／長女／次男

ご相談

学校では普通におとなしく、真面目な性格。2ヶ月前から家で暴れる、癇癪《かんしゃく》、特に母親にだけ暴力的。学校や児童福祉センターでカウンセリングを受けました。以来、母親として今までになく本人の気持ちを解きほぐす努力をしたおかげで、この1週間、

良い方向に変化しつつあります。何が原因だったのか、いまだにわからずにおります。ただの一過性の反抗期だけなのか……何か身体に障害が潜んでいるのか、考えるだけでも怖くなりますが、専門医の精密検査、必要あるでしょうか？　お教えください。宜《よろ》しくお願い致します。

A 専門家の回答

お子さんにストレス、かけていませんか？

親の接し方で子どもは変わる

ピョンピョンさんが息子さんの気持ちを解きほぐす努力をされたおかげで、息子さんの状態が良くなってきた、とのこと。本当に良かったです。きっと、カウンセリングでそのようにしたほうがいい、とアドバイスがあったのでしょう。

つまり、それくらい息子さんには、お母様のピョンピョンさんからの働きかけが必要だった、それがそれまでは足りていなかった、ということではないでしょうか。また、「一過性の反抗期だけなのか……何か身体に障害が潜んでいるのか、考えるだけでも怖くなります」という言葉からは、失礼ながら、ピョンピョンさんがお子さん「だけ」の問題だと思われているような印象を受けます。

家庭内暴力の６割は母親が対象

普通におとなしく、真面目な息子さんが、一体何が原因で暴れたり癇癪を起こしたりするようになったのか。なぜ、母親であるピョンピョンさんにだけ暴力的なのか。

実は一般的な家庭で暴力が発生する場合、本人より弱いものが対象となりやすく、その６割が母親を対象としているという調査があります。さらに、その動機が「しつけなど親の態度に反発して生じる」ということも警察庁の報告*47にあります。

もしかしたら、息子さんは、ピョンピョンさんの態度を厳しいとか、コントロールされていると感じていたのかもしれません。あるいはどれだけ頑張っても、認められないなどで承認欲求があったのかもしれません。

まだ親に甘えていたい気持ちもある小4の子が親に暴力をふるう、というのは、よほど追い詰められていたのだと思います。大人からしたら大したことのない言動でも、子どもによっては大きなプレッシャーを感じてしまう場合があるものです。

家庭で暴力をふるう子どもの共通点

家庭内暴力をおこすお子さんの場合、本人の性格や家庭環境において、共通点があります。性格は、真面目でおとなしく、あまり自己主張をせず友人関係も活発ではない。家庭環境では、親の過干渉または無関心、あるいは親子がくっつきすぎていて、子どもに親への強い依存心や甘えがある。

もちろん、他にも社会的な問題やトラウマ、精神的な疾患など、さまざまな要因が関係していることもあるので、ピョンピョンさんの息子さんの場合がそうかどうかはわかりません。色々なことが重なって、ということもあるので、原因を突き止めるのは難しいかもしれませんね。

今回、カウンセリングを受けた時のアドバイスを実行して、よい方向に息子さんが変化しているということなので、今後もそのように息子さんに関わっていくことが大切だと思います。また、その際、発達の問題があるとは言われなかったのなら、改めて発達検査を受ける必要はないように思います。

キーポイント

・家庭内暴力は、本人より弱いものが対象となりやすく、その6割が母親。動機は「しつけなど親の態度に反発して」。

・家庭内暴力をふるう子どもの共通点。性格は真面目でおとなしく、あまり自己主張をせず友人関係も活発ではない。家庭環境では、親の過干渉または無関心、あるいは親子がくっつきすぎていて、子どもに親への強い依存心や甘えがある。

COLUMN 家庭内暴力は子どもからのSOS

家庭内で暴力をふるうお子さんは、たいてい、学校など集団生活の場で、ストレスの多い友人関係を抱えています。何かいやなことをされてもいやだと言えない、相手のちょっとした行動に腹が立つなど、人間関係がうまく結べないという社会性の弱さを抱えています。

また、自分の感情を言葉にできないという言語化の問題もあります。その時の自分の気持ち、例えば、今自分は相手のこういう態度に腹が立っているんだな、ということが理解できれば、少しクールダウンしよう、とか親などに何がいやなのか話す、という解決法も出てくるものですが、それが自分自身でもはっきりしない。なにかもやもやして、爆発してしまう。情緒のコントロールができないということが言えます。

親としては、自分の腕の中におさまっていた子どもが、暴力をふるうというのは悲しいことだと思います。が、**暴力は子どもの「助けて」という悲鳴**です。子ども自身がどうしていいかわからず、困っているのです。どうか、まずはその気持ちを丸ごと受け止めてあげてください。

そして、暴力をふるうに至った要因や背景を理解するよう努力します。頭ごなしに暴力を否定したり、逆に腫れ物に触るような扱いをしたりするのは避けましょう。

Q28

癇癪、暴言、暴力がひどい4歳の息子。幼稚園の先生に怪我をさせられて帰ってきました。

家族状況

つき（相談したい子の母、40代前半）／夫／長男（相談したい子、4歳）

ご相談

息子のことですが、2歳頃から癇癪がひどく、眠い、空腹などと自分の思い通りにならないことが重なると、大声をだし、暴言（命令口調）、暴力（叩《たた》く、蹴る）が出ます。ただ、興奮状態が直れば人の話を聞くことができ、物事の善し悪しも判断でき、次はしないと、約束もできます。性格的に気が強いところがあり、繊細です。

健診などでは特に何も指摘はされておりません。少しずつ良くなっていると思っていましたが、先日、幼稚園の先生に怪我をさせられて帰ってきました。傷跡と息子の話から、先生が手を出したようです。しかし先生は身に覚えがないようなことを言いうやむやになりました。子どもの心の傷が心配で、私もこのまま通わせていいのかどんな対応をすればいいのか迷っています。

癇癪を治す機関や施設があると聞きましたが、どうやったら分かるのでしょうか。相談できるところがなく困っています。何らかの情報を頂けると嬉しいです。よろしくお願いします。

A

専門家の回答

お子さんの周囲の環境に、暴力・暴言があるのでは？

何があろうと体罰は許されない

何よりもまず、「幼稚園の先生に怪我をさせられて帰ってきた」というお話が、とても気になります。息子さんの態度が悪いから、そのようなことになったのかも、と思っておられるのかもしれませんが、もしそれが事実だとしたら大きな問題です。

たとえお子さんの態度が悪かったとしても、それでお子さんを傷つけるというのは言語道断です。幼稚園の他のお母さんに、その先生の評判など聞いてみることはできますか？　もしかしたら、他のお子さんにも同じようなことがあったかもしれません。息子さんのパパには相談してみましたか？　もし相談できる相手がいないなら、園長先生や、地域の子ども家庭センター、児童相談所などに連絡してみてください。

子どもが大人から暴力をふるわれる状況は異常ですし、放ってはおけません。つきさんだけの問題ではないので、息子さんのためにぜひ周りに助けを求めてください。

子どもは身近な人から言葉を覚える

ところで、子どもというのは、周りの人から言葉や行動を覚えていきます。2歳から命令口調の暴言、暴力があるというのは、めずらしいです。仮定の話ですが、息子さんの周りに幼稚園の先生以外で暴言や暴力をふるう人はいませんか。それをマネしている可能性はありませんか。

健診では特に何も指摘されていない、ということですので、発達特性によるものではなく、周囲から学んでそのような態度をとっている、と考えるのが自然です。

もしそのような態度の人が息子さんの周りにいるなら、なるべく近づけないようにするとか、息子さんの教育上良くないので改めてもらうようお願いすることをおすすめします。

子どもは、言葉や態度、行動、いろんなことをものすごい吸収スピードで身につけていきます。このまま不適切な言葉や態度をとる人の真似をされては、お子さんの将来にとって何もいいことはありません。お子さんをそのような環境から守ってあげてください。

虐待が子どもの脳に与える影響

一般的に、乳幼児期に脳は飛躍的に発達するため、その時期にスキンシップや体を動かすことなど、子どもが喜ぶ良い刺激をたくさん与えることが大切です。逆に、子どもにとって好ましくない状態、適切でない養育環境、暴言による虐待、ネグレクトなどがあると、子どもの脳は傷つき萎縮し、健全に発達することができなくなります。

その結果、発達障害と似た症状が出てくることもあります。

これは、子どもへの直接的な虐待ではなく、例えば夫婦間でのＤＶ（ドメスティック・バイオレンス）を子どもが見ている、という状態でも同様です。傷ついた脳のまま成長すると、思春期になって、社会的なルールを守らない素行障害や、うつなどの精神症状が出やすくなります。また、学校での人間関係の問題を抱える可能性も高くなります。だからこそ、乳幼児期は特に、ご家庭、幼稚園や保育園など、子どもの養育環境に十分な配慮が必要なのです。

キーポイント

・適切でない養育環境、暴言による虐待、ネグレクトなどがあると、子どもの脳は傷つき、健全に発達することができなくなる。虐待や暴力を子どもが見ているだけの場合も同様。
・傷ついた脳のまま成長すると、思春期になって、素行障害やうつなどの精神症状が出やすくなる。

Q29

癇癪がひどく、感覚過敏もある4歳の娘。私や夫の口にヨーグルトがつくのも嫌がり、「食べないで」と言うのです。

家族状況

ぺこ（相談したい子の母、40代前半）／夫／長女（相談したい子、4歳）

ご相談

4歳の娘について相談です。日頃から癇癪が酷《ひど》く悩んでいます。例えば、うまく靴下をはく事ができない。おやつを食べていて手がベタベタしたとき、服を脱ごうとして上手《うま》く脱げないとき、パズルをしていてパズルのピースがズレてしまったときなど、キャーと高い声を出して癇癪が始まります。私もいつ癇癪が始まるのかヒヤヒヤしながら子育てをしている状態です。幼稚園の先生曰《いわ》く園では全く癇癪はありませんと聞いています。

娘は少し発語が遅く、今でも発音が不明瞭なところがあり時々伝わらないこともあります(3歳児健診の時、言語聴覚士の先生に相談しましたが問題ありませんでした)。

また感覚が過敏なところがあり、パジャマのズボンがはけなかったり、掛布団を嫌がります。視覚の面では、私や主人がヨーグルトを食べているときに少しでも唇に食べ物がつく事を嫌がり「これは食べないで!」と隠されてしまいます。

そんな娘の事を理解してあげることができず、つい感情的に怒ってしまいます。娘に寄り添う為には、どのように対応したらよいのか是非アドバイスお願いします。

A

専門家の回答

自分のこだわりで人の行動を変えさせるのはNG。

Q29 癇癪がひどく、感覚過敏もある４歳の娘。私や夫の口に
ヨーグルトがつくのも嫌がり、「食べないで」と言うのです。

ヒヤヒヤしながらの子育ては子どもにとってもストレス

「いつ癇癪が始まるのかヒヤヒヤしながら子育てをしている」というのは、ぺこさん自身もつらいでしょう。逆に娘さんの立場からすると、常に親に心配そうに見られているというのは、ジャッジされているようで、きついのではないでしょうか。

そんな状況もあって、ピリピリとした空気の中、ちょっとしたことでも気に障って癇癪を起こしてしまう。ぺこさんもつい感情的に怒ってしまい、拍車をかけるという悪循環になっているように思います。

幼稚園では全く癇癪はないというのは、他のお子さんもいて先生も娘さんだけいつも見ているわけではないのでのびのびできるからなのかもしれませんね。おうちではお母さんにわかってもらいたいという甘えが出ていることも考えられます。癇癪が起きた時には、「幼稚園では頑張ってるんだよね、えらいね。お家だと怒っちゃうこともあるよね。大丈夫だよ」と、いったん外で頑張っているお子さんをいたわってあげてください。

そのようなお母さんのサポートがあると、お子さんの高ぶった気持ちを少しずつ緩

やかにしていくことができます。嫌なことがあっても、優しい言葉をかけてもらったり、受け入れてもらえると、人はネガティブな気持ちにもうまく対応できるようになります。それは、大人でも子どもでも同じことです。

親は「お助けマン」

また、感覚が過敏なところがある、ということですが、確かにそれで癇癪を起こしやすい特性のあるお子さんはいます。その場合、癇癪を起こすきっかけとなるようなことは、できるだけ取り除いておくのが最善の策かもしれません。

例えば、靴下ははきやすい状態にして渡す。服も脱ぎ着しやすいものを選ぶ。そして、「こういうのだったら着やすいかなと思ったんだけど、どう?」とお母さんがお子さんのことを考えてやっていることを伝えたうえで、お子さんの気持ちも聞く、というやりとりをしてください。

そういうやりとりが毎日繰り返されることで、親子の温かい絆《きずな》が育まれていきます。お子さんはお母さんに受け入れられているという気持ちで安心し、自分もお母さんに優しくしたいという行動が現れ、心地よい関係がつくられていくはずです。「ゴムのところも柔らかいよ、どうかな」とか「ツルツルの肌触りだね」などあらかじめ気にしそうな感覚の部分も大丈夫なことを見せながら渡すといいでしょう。

手のベタベタが気になるのなら、手を拭く濡れタオルを用意しておく、パズルはさりげなく「これどこかなあ?」などと言いながらズレを直すなど、ごきげんとりをするのではなく、「手助け」をしてください。

そして、この靴が小さくなったら、次はヒモ靴にしてみる? とか、これができるようになったら次はこれ、という見通しを伝えておくといいと思います。娘さんのような特性のあるお子さんの場合、先の見通しを立てるのが苦手ということがままあるためです。

子どもの「できた!」を増やす

親のサポートについては、時々、親が手を出すと子どもを甘やかすことになり成長を妨げてしまう、と思っている親御さんがいます。子どもの頃にそのように育てられた人に多いようです。

でも、例えば困っているお年寄りがいたら手助けしますよね。同じことです。助けては子どものためにならないということではありません。お母さんが助けてくれるという安心感を与えることも大切です。

うまくできないから癇癪を起こすのであれば、うまくできないであろうことはできるようにサポートをする。そして、最後の部分は自分でやらせるようにします。自分で「できた！」という喜びが、成長のエネルギーになります。できた！という体験を増やして、すかさず「わあ、うまくできたね、よくがんばったね」などとほめましょう。

こだわりを人に押しつける態度には「NO」を

また、娘さんがぺこさんやパパの口にヨーグルトがつくのを嫌がって「食べないで」と言うとのことですが、これは、だんだんとやめられる方向にもっていきましょう。ぺこさんは感情的にならずに「ヨーグルトがついてるのはママのお口だよ。ママは大丈夫だから心配しなくていいよ。ママが取りたいと思ったら取るから」と、娘さんが感じていることと、ママが感じていることは同じではないよ、と優しくわからせるように伝えましょう。最初は本人にはわからないかもしれませんが、くり返し言うようにしてください。

４歳という年齢で、他の人と自分は感じ方に違いがある、ということを理解させるのはまだ難しいのですが、娘さんの嫌がる気持ちもうまく受け止めながら、これはママのこと、とわからせるようにしていきましょう。

ポジティブな子育てが子どもの自己コントロール力を育む

少し気になったのは、言語聴覚士の先生に問題ないと言われたのに、発語が遅かったし、発音も不明瞭だとぺこさんが思われていることです。子どもの発達にはばらつきがあり、必ずしも母子手帳の「発達の目安」どおりにはいかないこともよくあります。子どもはそれぞれ、様々な特性を持って生まれてきます。娘さんの場合、感覚が過敏だったり癇癪を起こしやすい、という特性があるのでしょう。そういうタイプだということをまずは親が理解しておくことが大切です。癇癪を起こされると、誰でも、またかとうんざりしてしまうと思いますが、どうかそんな姿も丸ごと受け入れてあげてください。

子どもが自分の行動をコントロールするのは、脳の前頭前野が担う「実行機能」という働きによるものです。実行機能は、状況に応じて自分がどんな態度をとるかを決める、行動の司令官の役割を果たします。この実行機能のもとになる認知機能は、幼児期に飛躍的に発達します。そして、この時期に周囲がポジティブな働きかけをし、適切な足場を作ってあげることで、ますます伸ばすことができるのです。

そのためには、ぺこさんにも心の余裕が必要です。パパにもっと育児に参加してもらったり、おじいちゃんおばあちゃんに協力をお願いするなど、自分自身が少しでも余裕が持てるように、娘さんのために環境を整えられると良いと思います。

キーポイント

- 子どもの癇癪を起こすきっかけとなるようなことは、できるだけ取り除いておく。ごきげんとりをするのではなく「手助け」を。
- できないことで癇癪を起こすのであれば、できるようにサポートをして、「できた!」という体験を増やす。
- こだわりを人に押しつけることは、やさしく説明してやめさせる。
- 行動を抑制するのは脳の「実行機能」によるもの。それを発達させるには、周囲がその子にポジティブな働きかけをし、適切な足場を作ってあげること。

COLUMN 自己抑制と実行機能

「実行機能[*48]」というスキルがあります。何か目的を達成するために計画を立てて実行するのに必要な能力で、そのためには我慢したり、新しいことを覚えたり、柔軟に切り替えたりすることが求められます。心身の健康のため、また、社会生活で成功するためにとても重要な機能です。

特に子どもの頃の自己コントロールは大切で、幼少時の抑制力がその後の人生を決めるという研究報告[*30]もあります。これは同じ年に同じ市で生まれた1000人の子どもを32年間追跡した調査報告で、3〜11歳のときに衝動的な行動がない、順番待ちができる、注意力散漫ではなく集中力がある子は、ティーンエイジャー（13〜19歳）になったとき学校の成績がよく、薬物などにも手を出さず、危険な行動を取らない傾向があるというのです。

また、30年後も肥満や高血圧、薬物乱用などの問題が少なく、心身ともに健康に成長し、法律を順守し、経済的にも安定していることが多いようです。一方、幼少期に自己抑制ができていないと、30年後、社会的地位もＩＱも低く、幸せな家庭生活が送れない傾向があるということです。幼少時に自己コントロールを身に付けさせることが、子どものその後の人生に大きく関わってくるのです。

Q30

30週757gで生まれた5歳の娘。おしゃべり好きなのですが、単語のつながりがおかしくて会話になりません。

家族状況

こあこ（相談したい子の母、40代後半）／夫／長女（12歳）／次女（相談したい子、５歳）

ご相談

胎児発育不全で30週７５７ｇで生まれた次女5歳、知的発達の遅れがあり児童発達支援と保育園（一般的な保育園）に通っています。発達の遅れは主に理解力と言葉で、理解力については少しずつでも前進しているので、このまま出来ることをしながら成長を待とうと思うのですが、発する言葉についてどうしていけば良いのかなかなか分からず、相談させていただきたいです。

おしゃべりは好きでたくさん話をしてくれるのですが、「てにをは」が間違いだらけなのはもちろんのこと、たくさんの単語を一度にメチャクチャな順番で並べて話すので、何を話したいのかが分かりません。たとえが難しいのですが、「今日ね、パパがね、ママがね、ねぇねがね、いっしょに滑り台のね、公園のね、階段の上がね、下がね、暗いの」のような感じで、たぶん「今日家族みんなで公園にいって滑り台をしたこと」「どこかの階段の電気が切れていた（?）」ことなどを話したいのかなとは思うのですが、話のつながりも、なにを伝えたいのかもよく分かりません。これかな？と思うことについては「今日みんなで公園の滑り台したのが楽しかったの？」など、整理して聞き返してみるのですが、これが正しい対処法なのかも分からずです。理解力も遅れているので言葉も遅れているのだとは思いますが、それにしてもこの言葉の発し方をどうやって治していったらいいのかも分かりません。ちなみに吃音《きつおん》もあり、市の言語聴覚士さんには相談済みですが、現状は様子見となっています。

Q30 30週757ｇで生まれた５歳の娘。おしゃべり好きなのですが、単語のつながりがおかしくて会話になりません。

A 専門家の回答

生きていてくれることが奇跡。少しずつの成長を喜びましょう。

未熟児ではなく低出生体重児

体重だけを見ると、以前は出生時の体重が２５００ｇ未満の場合、「未熟児」と呼んでいましたが、現在では、低出生体重児と呼んでいます。分類としては、

・４０００ｇ以上＝高出生体重児
・２５００ｇ以上４０００ｇ未満＝正出生体重児
・２５００ｇ未満＝低出生体重児

となっており、低出生体重児の中でも１５００ｇ未満を極低出生体重児、１０００ｇ未満を超低出生体重児と呼んでいます。１５００ｇ未満の極低出生体重児の割合は１９８０年には０・４％だったのが、２０１７年には０・７％となって

おり、医学の発達によって、以前は救えなかった命が救えるようになりました。

ちなみに、出生体重による分類とは別に、在胎期間（胎児がお母さんのお腹にいる期間）による分け方もあり、在胎37～42週未満での出産を正期産、37週未満を早産、42週以上を過期産と呼んでいます。こあこさんのお子さんの場合、早産の超低出生体重児、ということになります。

言葉のシャワーで言語能力がアップ

極・超低出生体重児の場合、運動や言葉の発達が遅くなることがわかっており、出生体重が低いと発達も遅れがちです。

それでも、そこまで単語がたくさん出てきておしゃべり好きというのは、順調に発達している証拠ですね。何より、自分がやりたくてやっている時に、脳は発達しているので、気持ちよくお話しさせてあげましょう。

その際のこあこさんの関わり方について、不安に思われているとのことですが、話したいことを整理して聞き返す、という今の接し方でよいと思います。そしてもう一度言ってみようか、と正しい語法で話させる。それをくり返し行い、できたらほめることで、単語と単語をつなげる脳のネットワークが強化されていきます。

また、言語の発達はいかにその子に言葉のシャワーを浴びせるかがとても大事です。特に幼児期には、毎日の生活の中で、なるべくたくさん話しかけてあげましょう。一緒にテレビを見ていても黙って見るのではなく「今の面白いね」など話しかけてください。

話しかけることで脳内では、音を聞くところ、音を聞いて単語を識別するところ、覚えるところ、文にするところなどが働いて、ネットワークがつながっていきます。もちろん、お子さんのお話にも根気よくつき合ってあげてください。「会話」が言葉の発達には欠かせません。

低出生体重児で気をつけること

ところで、なぜ低出生体重児が生まれるのか、その原因はさまざまですが、妊娠中の喫煙との関連は多くの研究があります。妊婦本人の喫煙だけでなく、受動喫煙も、低出生体重児誕生のリスクを増加させるので注意が必要です。

また、「小さく産んで大きく育てる」と言われるように、あまり妊娠時の体重を増やしすぎないように厳しく指導されていた時期もありましたが、妊婦の行き過ぎた体重制限は胎児に栄養が十分に行かないことにもなりかねず、低出生体重児の誕生リスクの要因になります。妊娠中は適正な体重管理が大切です。

また、母乳には赤ちゃんの免疫を高める物質が多く含まれていて、栄養面でも優れていることはよく知られていますが、考えたり判断したり覚えたりといった認知機能の発達にも大きな影響を及ぼすことがわかってきました。例えば、ほぼミルクで育った人に比べて、母乳で育った期間が長かった（1年以上）子どもほど、知能が上がっており、30年後の月収も高いということが追跡調査で明らかになっています。[*49] 特に低出生体重児は認知機能の発達が遅れがちなことが指摘されているので、可能な限り母乳で育てられるとよいでしょう。

キーポイント

・極・超低出生体重児は運動や言葉の発達が遅くなる。また、出生体重が低いと発達も遅れがち。

・言語の発達はいかにその子に言葉のシャワーを浴びせるかが大事。

Q30 30週757ｇで生まれた５歳の娘。おしゃべり好きなのですが、単語のつながりがおかしくて会話になりません。

・会話が苦手なら、その子の話したいことを整理して聞き返し、正しい語法でくり返し話させる。それができたらほめる。
・低出生体重児の原因はさまざま。妊娠中の喫煙や受動喫煙、妊婦の行き過ぎた体重制限もその一因。
・母乳は子どもの認知機能を発達させる。母乳で育った期間が長かった（1年以上）子どもほど、知能が上がり、30年後の月収も高い。低出生体重児は可能な限り母乳で育てるように。

あとがき

２００６年の雑誌『Nature Reviews Neuroscience』で「Neuroscience and education: from research to practice?（神経科学と教育：研究から実践へ）」という論文が発表されてから「脳科学研究の成果を、もっと教育に活《い》かすべきだ」という話を共著者の原田と二人でよくしていました。特に、飛躍的に脳が成長する乳幼児期に、脳科学に裏打ちされた教育を行うことが大切だと。そのようなエビデンスも増えてきて、赤ちゃん教育、赤ちゃん育脳などを長年推進してきました。その中で、他の子どもと少し違った発達過程や独特な行動、感覚を表すタイプの子どもがちらほらいました。

発達心理学を研究する原田は１２００人の子ども（とその親）を生後１ヶ月から15年以上にわたり追跡調査を行う出生コホート研究に携わってきました。調査の過程で、やはり発達に遅れや特性のある、いわゆる「育てにくい」子どもに苦労する親御さんたちに出会いました。また、逆に小さい頃に発達特性の強かった子どもが、周囲の理解と適切な関わりを受けて劇的に成長していく姿も目のあたりにしました。

脳は可塑性に富んでいます。幼少期の関わり方次第で、大きな成長が見込めるのです。そうして、脳科学的なアプローチから発達に特性のある子どもの育て方についてみなさんに知っていただきたい、と考えたのが本書の始まりでした。

発達障害の子どもの脳については、まだまだ解明できていないことも多いのですが、なるべく最新の研究で明らかにされたこともご紹介したいとリサーチを重ね、さらにわかりやすいQ＆A形式の本にしようと思い、ウェブサイト「ヨメルバ」で子育てのお悩み相談の連載を開始しました。そんなこんなで本書完成までに4年ほど要しました。無事出版することができてほっとしています。

さて、たくさんの方から子育てのお悩みをうかがっていて、気づいたことがあります。多くの親御さんが子どもの発達について過剰に反応したり、不安に思っているがゆえに、その子に合わない方法で対処して、無理強いしてしまう、ということです。そしてその行動がさらに子どもを追い込み、事態は悪化していく……。

親御さんが不安になるのは当然です。どうして我が子が問題行動を起こすのか、どうやって対処すべきか、わからないのですから。でも、子どもの行動には理由があり、発達の特性として表れていることだと知れば、少し客観的に見ることができるのではないでしょうか。

私たちは、親御さんがたに、子どもの行動についての脳科学的な理解を促すことで、一歩引いた目で、子どもの特性を受容していただきたいと考えました。子どもは親の鏡です。親の接し方を変えることで、子どもの問題行動も少なくなっていくはずです。

発達障害——ASDやADHDといっても、子どもによってその出方はいろいろで、ASDだから、ADHDだからこうだ、と一言で言えるものではありません。一人一人苦手なこと、得意なことも違っています。それぞれの特性に寄り添い、サポートできるのは親御さんをはじめ身近にいる人たちなのです。

ようやくわかってきた脳科学や発達心理学の知識を活用して、ぜひ前向きで効率的な子育て・親育ちをしていただきたいと願っています。脳をうまく使って生きてください。

2023年　1月　久保田　競

jama.2014.4144 (2014).

33 Menon, V. Developmental cognitive neuroscience of arithmetic: implications for learning and education. *ZDM* 42, 515-525, doi:10.1007/s11858-010-0242-0 (2010).

34 Wong, T. Y. et al. Neural networks of aggression: ALE meta-analyses on trait and elicited aggression. *Brain Struct Funct* 224, 133-148, doi:10.1007/s00429-018-1765-3 (2019).

35 Aoyagi, S. S., Takei, N., Nishimura, T., Nomura, Y. & Tsuchiya, K. J. Association of late-onset postpartum depression of mothers with expressive language development during infancy and early childhood: the HBC study. *PeerJ* 7, e6566, doi:10.7717/peerj.6566 (2019).

36 Hay, D. F., Pawlby, S., Angold, A., Harold, G. T. & Sharp, D. Pathways to violence in the children of mothers who were depressed postpartum. *Dev Psychol* 39, 1083-1094, doi:10.1037/0012-1649.39.6.1083 (2003).

37 Kim-Cohen, J., Moffitt, T. E., Taylor, A., Pawlby, S. J. & Caspi, A. Maternal depression and children's antisocial behavior: nature and nurture effects. *Arch Gen Psychiatry* 62, 173-181, doi:10.1001/archpsyc.62.2.173 (2005).

38 Noble, K. G. et al. Family income, parental education and brain structure in children and adolescents. *Nat Neurosci* 18, 773-778, doi:10.1038/nn.3983 (2015).

39 Wicherts, J. M. & Scholten, A. Z. Comment on "Poverty impedes cognitive function". *Science* 342, 1169, doi:10.1126/science.1246680 (2013).

40 杉山登志郎. 発達障害とトラウマ. 児童青年精神医学とその近接領域 58 巻, p. 544-549 (2017).

41 杉山登志郎. 自閉症の精神病理. *The Japanese Journal of Autistic Spectrum* 13, 5-13 (2016).

42 山田真衣 & 竹村眞理. トイレットトレーニングにおける支援体制に関する文献検討. 健康科学大学紀要 14号, 231-237 (2018).

43 Luby, J. L., Belden, A., Harms, M. P., Tillman, R. & Barch, D. M. Preschool is a sensitive period for the influence of maternal support on the trajectory of hippocampal development. *Proc Natl Acad Sci USA* 113, 5742-5747, doi:10.1073/pnas.1601443113 (2016).

44 Luby, J. L. et al. Maternal support in early childhood predicts larger hippocampal volumes at school age. *Proc Natl Acad Sci USA* 109, 2854-2859, doi:10.1073/pnas.1118003109 (2012).

45 Tammimies, K. Genetic mechanisms of regression in autism spectrum disorder. *Neurosci Biobehav Rev* 102, 208-220, doi:10.1016/j.neubiorev.2019.04.022 (2019).

46 Hyman, S. L., Levy, S. E., Myers, S. M., Council On Children With Disabilities, S. O. D. & Behavioral, P. Identification, Evaluation, and Management of Children With Autism Spectrum Disorder. *Pediatrics* 145, doi:10.1542/peds.2019-3447 (2020).

47 警察庁生活安全局人身安全・少年課. 令和３年中における少年の補導及び保護の概況, (2022).

48 Diamond, A. Executive functions. *Annu Rev Psychol* 64, 135-168, doi:10.1146/annurev-psych-113011-143750 (2013).

49 Victora, C. G. et al. Association between breastfeeding and intelligence, educational attainment, and income at 30 years of age: a prospective birth cohort study from Brazil. *Lancet Glob Health* 3, E199-E205, doi:10.1016/S2214-109x(15)70002-1 (2015).

doi:10.1007/s10803-006-0218-7 (2007).

16 Sharp, C. & Fonagy, P. The parent's capacity to treat the child as a psychological agent: Constructs, measures and implications for developmental psychopathology. *Social Development* 17, 737-754 (2008).

17 Meins E., Fernyhough C., de Rosnay M., Arnott B., Leekam S. R., Turner M. Mind-Mindedness as a Multidimensional Construct: Appropriate and Nonattuned Mind-Related Comments Independently Predict Infant-Mother Attachment in a Socially Diverse Sample. *Infancy* 17, 393-415, doi:10. 1111/j. 1532-7078. 2011. 00087. x (2012).

18 Ackerley, R. et al. Human C-tactile afferents are tuned to the temperature of a skin-stroking caress. *J Neurosci* 34, 2879-2883, doi:10.1523/JNEUROSCI.2847-13.2014 (2014).

19 Sapolsky, R. M. Mothering style and methylation. *Nat Neurosci* 7, 791-792, doi:10.1038/nn0804-791 (2004).

20 Marco, E. J., Hinkley, L. B., Hill, S. S. & Nagarajan, S. S. Sensory processing in autism: a review of neurophysiologic findings. *Pediatr Res* 69, 48R-54R, doi:10.1203/PDR.0b013e3182130c54 (2011).

21 Wan, Y. et al. Underdevelopment of the gut microbiota and bacteria species as non-invasive markers of prediction in children with autism spectrum disorder. *Gut* 71, 910-918, doi:10.1136/gutjnl-2020-324015 (2022).

22 愛媛大学医学部附属病院睡眠医療センター．厚生労働科学研究費補助金：未就学児の睡眠・情報通信機器使用研究班（編）．未就学児の睡眠指針．(2018).

23 Touchette, É. et al. Associations Between Sleep Duration Patterns and Overweight/Obesity at Age 6. *Sleep* 31, 1507-1514, doi:10.1093/sleep/31.11.1507 (2008).

24 Touchette, É. et al. Associations Between Sleep Duration Patterns and Behavioral/Cognitive Functioning at School Entry. *Sleep* 30, 1213-1219, doi:10.1093/sleep/30.9.1213 (2007).

25 関根道和，濱西島子，鏡森定信. 3 歳時の社会経済環境・生活習慣と小児肥満に関する10年間の追跡研究. 心臓 37, 1056-1058 (2005).

26 Sadeh, A., Mindell, J. A., Luedtke, K. & Wiegand, B. Sleep and sleep ecology in the first 3 years: a web-based study. *J Sleep Res* 18, 60-73, doi:10.1111/j.1365-2869.2008.00699.x (2009).

27 Takahashi, N. et al. Polygenic risk score analysis revealed shared genetic background in attention deficit hyperactivity disorder and narcolepsy. *Transl Psychiat* 10, doi:10.1038/s41398-020-00971-7 (2020).

28 Heckman, J. J. Skill formation and the economics of investing in disadvantaged children. *Science* 312, 1900-1902, doi:10.1126/science.1128898 (2006).

29 Casey, B. J. et al. Behavioral and neural correlates of delay of gratification 40 years later. *Proc Natl Acad Sci U S A* 108, 14998-15003, doi:10.1073/pnas.1108561108 (2011).

30 Moffitt, T. E. et al. A gradient of childhood self-control predicts health, wealth, and public safety. *Proc Natl Acad Sci U S A* 108, 2693-2698, doi:10.1073/pnas.1010076108 (2011).

31 Constantino, J. N., Zhang, Y., Frazier, T., Abbacchi, A. M. & Law, P. Sibling recurrence and the genetic epidemiology of autism. *Am J Psychiatry* 167, 1349-1356, doi:10.1176/appi.ajp.2010.09101470 (2010).

32 Sandin, S. et al. The familial risk of autism. *JAMA* 311, 1770-1777, doi:10.1001/

参 考 文 献

1 Zwaigenbaum, L. et al. Early Intervention for Children With Autism Spectrum Disorder Under 3 Years of Age: Recommendations for Practice and Research. *Pediatrics* 136 Suppl 1, S60-81, doi:10.1542/peds.2014-3667E (2015).

2 Lovaas, O. I. Behavioral treatment and normal educational and intellectual functioning in young autistic children. *J Consult Clin Psychol* 55, 3-9, doi:10.1037//0022-006x.55.1.3 (1987).

3 McEachin, J. J., Smith, T. & Lovaas, O. I. Long-term outcome for children with autism who received early intensive behavioral treatment. *Am J Ment Retard* 97, 359-372; discussion 373-391 (1993).

4 Dawson, G. et al. Randomized, controlled trial of an intervention for toddlers with autism: the Early Start Denver Model. *Pediatrics* 125, e17-23, doi:10.1542/peds.2009-0958 (2010).

5 Micai, M. et al. Early behavioral markers for neurodevelopmental disorders in the first 3 years of life: An overview of systematic reviews. *Neurosci Biobehav Rev* 116, 183-201, doi:10.1016/j.neubiorev.2020.06.027 (2020).

6 Pierce, K. et al. Evaluation of the Diagnostic Stability of the Early Autism Spectrum Disorder Phenotype in the General Population Starting at 12 Months. *JAMA Pediatr* 173, 578-587, doi:10.1001/jamapediatrics.2019.0624 (2019).

7 Vitrikas, K., Savard, D. & Bucaj, M. Developmental Delay: When and How to Screen. *American Family Physician* 96, 36-43 (2017).

8 Lichtenstein, P., Carlström, E., Råstam, M., Gillberg, C. & Anckarsäter, H. The genetics of autism spectrum disorders and related neuropsychiatric disorders in childhood. *Am J Psychiatry* 167, 1357-1363, doi:10.1176/appi.ajp.2010.10020223 (2010).

9 Sandin, S. et al. The Heritability of Autism Spectrum Disorder. *JAMA* 318, 1182-1184, doi:10.1001/jama.2017.12141 (2017).

10 Hallmayer, J. et al. Genetic heritability and shared environmental factors among twin pairs with autism. *Arch Gen Psychiatry* 68, 1095-1102, doi:10.1001/archgenpsychiatry.2011.76 (2011).

11 Tran, P. L. et al. Smoking during pregnancy and risk of autism spectrum disorder in a Finnish National Birth Cohort. *Paediatr Perinat Epidemiol* 27, 266-274, doi:10.1111/ppe.12043 (2013).

12 Zhu, J. L. et al. Parental smoking during pregnancy and ADHD in children: the Danish national birth cohort. *Pediatrics* 134, e382-388, doi:10.1542/peds.2014-0213 (2014).

13 Lei, X. Y., Li, Y. J., Ou, J. J. & Li, Y. M. Association between parental body mass index and autism spectrum disorder: a systematic review and meta-analysis. *European Child & Adolescent Psychiatry* 28, 933-947, doi:10.1007/s00787-018-1259-0 (2019).

14 Schans, J. V., Çiçek, R., de Vries, T. W., Hak, E. & Hoekstra, P. J. Association of atopic diseases and attention-deficit/hyperactivity disorder: A systematic review and meta-analyses. *Neurosci Biobehav Rev* 74, 139-148, doi:10.1016/j.neubiorev.2017.01.011 (2017).

15 Leekam, S. R., Nieto, C., Libby, S. J., Wing, L. & Gould, J. Describing the sensory abnormalities of children and adults with autism. *J Autism Dev Disord* 37, 894-910,

脳科学の先生！
子どもの発達障害の悩みを
最新研究で解決してください

2023年3月8日　初版発行

著者　久保田《くぼた》 競《きそう》／原田妙子《はらだたえこ》
発行者　山下直久
構成　阿蘭ヒサコ
ブックデザイン　アルビレオ
イラストレーション　killdisco
編集　田島美絵子
発行　株式会社KADOKAWA
〒102-8177　東京都千代田区富士見2-13-3
電話 0570-002-301（ナビダイヤル）
印刷・製本　大日本印刷株式会社

ISBN 978-4-04-109531-7　C0030

久保田 競　くぼた きそう

1932年大阪市生まれ。東京大学医学部卒業後、同大学大学院で脳神経生理学を学ぶ。米国留学で最先端の研究法を身につけ、帰国後は京都大学霊長類研究所で教授・所長を歴任。京都大学名誉教授。『バカはなおせる 脳を鍛える習慣、悪くする習慣』『天才脳を鍛える3・4・5歳教育』等、脳に関する著書多数。瑞宝中綬章受章。

原田妙子　はらだ たえこ

福岡大学大学院修士課程修了後、日本福祉大学大学院で久保田競に師事し博士号（人間環境情報）取得。専門は、子どもの脳機能発達。自閉症を中心とした発達評価のスペシャリスト。海外特別研究員としてコレッジュ・ド・フランス、パリ第六大学を経て、現在は浜松医科大学子どものこころの発達研究センターの特任助教。